U0918142

汉字中的礼仪之美

王元鹿 主编
俞水生 著

文匯出版社

序

王元鹿

有一件美好的东西，日日与您为伴，日日为您服务，您却常常忽视了它的美——内在的美与外在的美，这就是汉字。

汉字是我们伟大祖国的宝贵遗产之一。如果说到汉字的特点与特色，一言以蔽之，就是美。汉字的“美”包含了使汉字得以产生与发展的客观环境的美——有物质的美、精神的美、逻辑的美还有大自然的美。汉字的“美”也反映在汉字自身的构成与形态上。造字方法的精巧，文字姿态的曼妙，都令人赞叹不已。

汉字的“美”有其历史过程。如以甲骨文的产生为起点，汉字至少已有三千多年的历史。何况甲骨文其实还不能算是汉字的最早形态。然而，即便在甲骨文与早期金文中，我们已经可以领略其古朴与端庄，还可以理解通过其字形背后的古代社会的历史、文化与生活现象，乃至我们祖先的造字的智慧——这一切，都是美不胜收的。

今天我们使用的现代汉字，已经是几经变化的形体，多少已失去了它们的早期风貌，也不易推断出他们造字的依据。学者们的不懈努力，使我们逐步深入了解了古代汉字的来龙去脉，并进而通过古代文字的研究去搜寻我们祖先的生活状况及他们的精神风貌。可以说，从汉字看历史，又从历史来追溯汉字的渊源，既是一个科学研究的过程，又是一个欣赏文字美

的过程。

必须说明的是，这套书是在参考古今许多文字学及相关学科专家的研究成果基础上写出的。限于丛书的体例，行文中引用或述及文字学专家或其他领域专家的观点与成果，一般不专门写出或注出他们的名字及这些著作的名称。在此，向这些专家致以衷心的谢忱。

美是需要去发现的。由于我们见惯并用惯了汉字，才使我们习以为常地不去注意其内部蕴藏着的美。这套丛书，就是鉴于此种情形策划设计的。从文字与文字相关的角度——语言、历史、文化、考古、文学等多个方面，全方位地挖掘并向读者展示汉字的美，是本丛书作者的美好愿望。如果读者随着我们的笔，在弄清一个个古文字的同时，进一步了解它们折射出来的中国古代社会历史与文化的方方面面，以及我们的祖先的思维特点与心路历程，这将是何等快意的事！

2012 年 7 月写于华东师范大学中国文字研究与应用中心

目录

王元鹿

饮食起居

婚姻生育

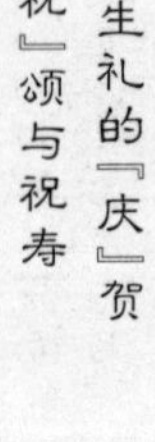

叁

丧葬祭祀

肆

游艺竞技

飲食起居

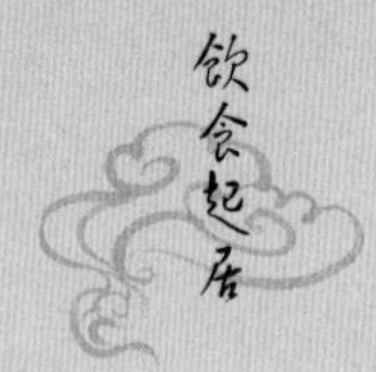

【鸡初鸣，咸“盥”漱】

盥洗，这是每个人日常起居最先做的功课。早在西周时期，我们的祖先便已形成了这一习惯。《礼记·内则》云：“鸡初鸣，咸盥漱。”说明古人有早起盥洗、漱口的卫生习惯。那时筷子还没有被广泛使用，就餐时人们往往共用一个盛饭器，以手抓饭，所以饭前也需要洗手。除此之外，盥洗还是古代仪礼之一，用水使手洁净，以示对神对人的恭敬。那么，古人又是怎样盥洗的呢？有哪些细节可值得我们后人借鉴？

古汉语“盥洗”一词，所指的范围较广，当然主要是指洗脸和净手，与我们今天使用的词义相近。不过，古人把盥洗用具归在礼器一类，故具有相应的礼仪性质。这一点，又与我们现在的生活习惯有着很大的不同。

“盥”字甲骨文写作，是一上下结构的会意字。上面，是手的象形，下面，为一有水的盆。两者相合，像一只手放在盆里承水冲洗。造字本义就是在盆里洗手。金文写作，与甲骨文字形相近，但又有所不同。上面，由原一只手变成两只手，而盆里的水则由水滴变成，像有水从上倒下，两手接水冲洗；下面（皿），是接水的容器。篆文承续金文字形，写作。隶书作，将篆文的（两手）进一步简化为，而将篆文的（皿）简化为。

《说文解字》曰“盥，澡手也。从臼、水，临皿”。徐中舒《甲骨文字典》云：“盥字的甲骨文字形从爪，在皿中，象于皿中澡手之形。”“盥”字初文反映其本义仅指洗手，后来词义扩大，洗脸洗手均称为“盥”，如盥栉指梳洗，盥沐指洗脸，而现代的盥洗室，是既可洗手也可洗脸，爱美女性还可用来化妆的。

从“盥”的甲骨文和金文字形，我们可大致知道古人是怎样洗手的。那时洗手的器皿主要有两件，且是配套的：一件叫匜（yí），是用来往手上浇水；一件是盘，用来接洗手时洒下来的水。匜和盘都是盥洗用具，前者注水，后者承水，两者相互配套。先秦时期，匜、盘多以青铜制作，十分精美，这在先秦乃至秦汉的墓葬中常有发现。匜最早出现于西周中期，流行于西周晚期和春秋时期，其形制有点类似于现在的瓢，底部常铸有三足或四足。青铜器中的盘最早出现于商代早期，到战国时才逐渐消失。

齐侯匜

引自韩欣主编《中国青铜器收藏与鉴赏全书》（下卷），天津古籍出版社，2005年，第447页。

段玉裁《说文》注所引《左传》“奉匜沃盥”曰：“沃者，自上浇之；盥者，手受之而下流于盘。”说明匜是古代盥洗时浇水的用具，如同今人用瓢浇水洗手时，下面也用盆接水一样。那时的盘，使用方式与今天的洗脸盆不同，人们并非在盘中直接洗手，而是用活水洗手。古代没有自来水，人们便用匜之类的器皿从上向下浇水，洗后的水便留在盘子内。

可能有人要说，何必这样麻烦，直接把水倒在盆里，让大家共用一盆洗手多方便。其实，古人这么做是有科学道理的。洗手本是为了清洁卫生，以避免病从口入，如果大家都在一只盆里洗手，那么，各人手上的细菌都被洗到水里去了，难免会造成“交叉污染”，岂不是失去了洗手的意义？现在还有不少家庭仍有共用一盆水洗手洗脸的不良习惯，看似节约用水，却增加了病从口入的机会，这实在是不如两千年前的古人聪明。

古人的盥洗之所以比现在要繁缛，很大程度上，又是与其具有相应的仪礼性质有关。《周礼·春官·郁人》：“凡祼事，沃盥。”孙诒让《正义》：“沃盥者，谓行礼时必澡手，使人奉匜盛水以浇沃之，而下以盘承其弃水也。”“奉匜沃盥”，是手持匜、盘侍候的意思，即是给盥洗者浇水、接水。古时凡遇祭祀或宴饮，都要先行沃盥之礼，要由专人负责奉匜奉盘。《周礼·夏官》载，小臣受王之命，“大祭祀，朝觐，沃王盥。”诸侯在行祭祀仪式或朝觐时，得有“小臣”专门奉匜洗手。

一般人家接待宾客，则由主人为客人奉匜、盘。《礼记·内则》曰：“进盥，少者奉盘，长者奉水，请沃盥，盥卒授巾。”所谓“长者奉水，少者奉盘”，即在主人家，要由父亲为客人执匜注水，其子则在旁奉盘接水。客人洗完了手，主人还要用双手递上一条擦手的毛巾。“奉匜沃盥”并不限于祭祀或宴请，就是在平日，作为一种礼节，家中小辈对长辈也是如此。如子女每天早晨送水给父母盥洗，本是分内之事。今天，这一古老

虢季子白盘

引自韩欣主编《中国青铜器收藏与鉴赏全书》（下卷），天津古籍出版社，2005 年，第 441 页。

遗风还有留存，如一些地方家中宴请，主人也会为客人餐后送水递巾。

古代讲究师道尊严，为人弟子需尽弟子之礼。《管子·弟子职》曰：“少者（弟子）之事，夜寐早作。摄衣共盥，先生乃作，沃盥彻盥。”就是要求做弟子的要晚睡早起，趁先生还未醒时，就提着衣衫，轻手轻脚地用匜把洗脸水送到房内。“共盥”就是“供盥”，等到先生起来，弟子奉匜给先生盥洗。洗完后，还要把盥洗用具一一收拾好。

周代婚礼是华夏婚礼的原型，其中就包括了盥礼。新婚之时行沃盥之礼，让新人入席前净手洁面，有强调婚姻洁净的意味。《仪礼·士昏礼》记：“媵入室，媵（yìng）御沃盥交”，意思就是女方陪嫁带来的仆人，要在新郎、新娘结婚进入洞房时，为他们奉匜沃盥。所谓“沃盥交”，即为新人行新婚沃盥之礼。

古人非常注重沃盥之礼，一旦失礼，有可能会造成意想不到的严重后果。《左传·僖公二十三年》就记载了一个与此相关的故事：“晋公子过秦，秦伯纳女五人，怀嬴与焉。奉匜沃盥，既而挥之。怒，曰：‘秦晋，匹也，何以卑我？’公子惧，降服而囚。”当年，秦穆公把五个女子送给流亡的重耳作姬妾，秦穆公的女儿怀嬴也在其中。怀嬴原先嫁给晋怀公（重耳之侄），这次又改嫁重耳。有一天，怀嬴捧着盛水的器具让重耳洗手，重耳洗完以湿手挥她。这可能是贵族公子的随意之

举，但怀嬴却认为是鄙视自己，因而生气地加以指责。重耳此时正有求秦国帮他回晋国夺取政权，岂敢得罪怀嬴？只得脱去衣服并把自己关起来表示谢罪。沃盥本是一种礼仪，重耳随意以湿手挥人是非礼。怀嬴指出后，重耳能及时改过，体现了他作为一个政治家的机敏和度量。

据《仪礼》等文献记载，古人在饮食方面，也有讲究清洁的礼俗。每逢举行饮酒礼时，主人向宾客敬酒前要先行“沃盥”，即洗手并洗爵（酒器），而且是作为敬酒礼仪中的一个程序，当面进行。洗手洗爵，作为古代仪礼形式之一，是用水使手及酒器洁净，以示恭敬。《仪礼·乡射礼》：“主人坐取爵，兴，适洗南面。坐奠爵于篚下盥洗。”郑玄注：“盥手又洗爵，致洁敬也”。

另外，先秦虽有了筷子，但还只是在特定的场合使用。如《礼记·曲礼上》所说，“羹之有菜者用梜。”孔颖达疏：“以其菜交横、非梜不可。”梜，即后来的木筷。羹中有菜，用筷子取食；如果无菜，筷子就派不上用场。因为当时人吃饭主要还是用手抓，不用筷子和勺子等辅助工具，所以《礼记·曲礼上》曰：“共饭不泽手。”郑玄注：“泽谓挼莎也。”孔颖达疏：“古之礼，饭不用箸，但用手，既与人共饭，手宜洁净，不得临食始挼莎手乃食，恐为人秽也。”“泽手”，即“挼莎手”，谓手相揉搓也。宴会上有此动作者，不仅不雅观，还有手脏之嫌，如与客人坐在一起，当然是一种失礼的行为了。

古人是如何“洗”涤的

俗话说：养树需护根，养人需护脚。脚位于人体位置的最低处，承载着全身的重量，当人精神疲惫的时候，往往最先感到腿脚会发软无力。与手相比，脚由于不断地走动，再加上鞋袜包裹，通风散热差，经常不洗便会产生汗臭味，容易繁殖病菌。所以，睡前用热水洗脚，不但可以去除污浊，而且还能促进血液循环，消除疲劳。同时，洗脚还对大脑神经有抑制作用，能促进睡眠。

有意思的是，我们的祖先在创造“洗”这个字时，其最初的意义就是用来表示洗脚的。

“洗”字在甲骨文写作，是个会意字。（止），脚趾；指事符号，表示水滴。其字形像人的脚放在水中，造字本义就是洗脚。篆文把“洗”字列入水部，写作。左边（水）；右边（先）。“先”字甲骨文写作，上面即“止”，下面即“人”，“止”在上，“人”在下，有表示走在他人前面的意思。“洗”字篆文写法虽有变异，但仍然保持其本义的面貌。隶书写作，将篆文的进一步简化为（三点水）。

“洗”字本义特指洗脚。《说文解字》曰：“洗，洒足也。从水先声。”“洗”古作“洒”，南朝顾野王《玉篇·水部》：“洗，今以为洒字。”“洒足”，就是洗脚。“洗”字后来产生了多个引申义，其中用得最多的，是表示用水或其他溶剂除去物体上面的污垢，这也成了“洗”的中心义项。但在上古的文献中，这一义项只局限于洗爵、鼎等器物，而涉及到洗手、洗头以及洗身体，仍用特定的“盥”、“沐”、“浴”三字表达。古代有一种盥洗用的器皿，形似浅盆，亦叫“洗”，一般用青铜铸造，也有陶质的。《仪礼·士冠礼》：“夙兴，设洗直于东荣。”郑玄注：“洗，承盥洗者，弃水器也”。

古汉语表示用水除去物体上面污垢的，除了“洗”、“洒”，还有“濯”、“涤”等。“濯”的意义较广，既指洗衣服，又指洗器物，也指洗手足；“涤”一般指洗器物。后来“洗”字逐步替代了“濯”、“涤”和“洒”，不光表示洗脚，也可表示洗头洗手，还可用来洗涤其他任何东西。

成语有“洗耳恭听”，意为把耳朵洗干净再恭敬地听，以表示尊重对方，亦用以比喻专心、恭敬的聆听。原来，上古帝尧在位时，有个叫许由的高士，为人有贤德之声，尧想把帝位让给他，但许由坚决不干，就隐居在中岳颍水之阳、箕山之下农耕而食，不再过问世事。后来，帝尧又派人找到许由，想请他出山。许由还是不愿接受，并认为这些话污染了自己的耳朵，就跑到颍水边去洗耳。由此可知，“洗耳”原不表示“恭听”，而是为了清洗受污染的耳朵，以比喻不愿过问世事。

或许有人要问，古代没有洗衣粉、肥皂，我们的祖先又是如何洗涤

洗耳恭听

引自李济通《洗耳恭听》，《现代青年》，2010年第9期。

呢？据文献所记，他们使用的主要是天然碱。天然碱包括土碱和植物碱。碱地经风化脱水，地表即有白粉状天然碱长出，刮去一层，隔几日又会复生。这种土碱因含碳酸钠较多，可作为洗涤剂去污。植物碱是指草木灰和皂角等。《礼记·内则》已有用草木灰洗衣服的记载："冠带垢，和灰清漱；衣裳垢，和灰清。"因为草木灰中含有碳酸钾，所以也能去污。这种天然的洗涤剂，算得上是中国古代使用最久的一种洗涤剂了。直到近代，在一些乡村仍有用草木灰水来洗涤衣物。古人洗头亦有用淘米水，称之为"潘"，如《左传·哀公十四年》："合疾而遗之潘汁。"

秦汉时期，人们已多用皂角来洗衣物和头发了。皂角是皂荚树的果实，富有胰皂质碱性，可供洗涤去污用。在使用前要将整个的荚果砸碎，弄成粉末状或泡在水中，直接用粉末或涂抹皂角水洗涤。皂角是天然植物，对人体无毒副作用，使用皂角水洗涤的头发，干净乌黑，还带有清香味；用皂角水洗涤衣物，则可使颜色保持不褪。

魏晋曾流行一种兼具洗涤和护肤功效的产品——"澡豆"，它以豆粉为主，又配上各种药物制成。澡豆的主要功效，除了洗涤，还可使皮肤润

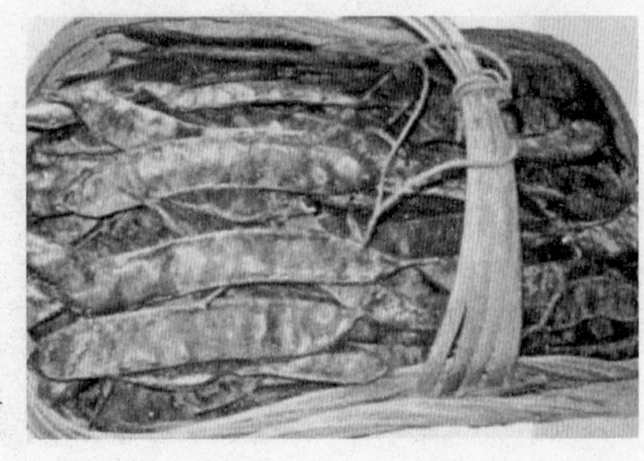

皂角
引自苦丁茶《皂角》，《科学养生》，2007年第10期。

泽和预防皮肤疾患。澡豆的制作，在唐代孙思邈《千金要方》和《千金翼方》有记载。先把猪的胰腺污血洗净，除去脂肪后研磨成糊状，再加入豆粉、香料等均匀地混合，又经过自然干燥便可。澡豆不但洗涤能力强，而且能滋润皮肤，所以成了当时一种优质的洗涤剂。然而，由于原料昂贵，澡豆不可能在民间得到普及，只是在当时王公贵族家庭使用。直到唐代，它也是稀罕之物。《千金翼方·妇人面药》记载："面脂手膏，衣香澡豆，仕人贵胜，皆是所要。"《红楼梦》第三十八回中，贾府女眷赏桂花吃螃蟹，凤姐命丫头们去取"桂花蕊熏的绿豆面子来，预备洗手"。绿豆面子经桂花熏香，正是古代澡豆的沿用。

澡豆是粉末状的，主要用以洗涤护肤，一个著名的笑话由此而产生。据《世说新语·纰漏》所记：晋人王敦刚做了驸马爷，对皇家的生活还不熟悉，一次上罢厕所，女仆奉上盛在玻璃碗里的澡豆，让其洗手，可王敦以前从未见过这玩意儿，便误当成了炒面一类的东西，"因倒著水中而饮之"，把一盆澡豆糊糊全喝下去，闹了个大笑话。此后，人们嘲笑一个人土气或缺乏教养、不懂得上流社会的礼仪规矩，往往会说此人“不识澡豆”。

后来，人们又在澡豆的制作工艺基础上加以改进，在研磨猪胰时加入砂糖，以纯碱或草木灰代替豆粉，并加入熔融的猪脂，把它们调和均匀后，压制成球状或块状，这就是俗称的“胰子”。猪脂经高温融为猪油，而猪胰便发挥脂肪酶的分解作用，将猪油分解为高级脂肪酸，这些脂肪酸与随后加入的草木灰碱剂发生皂化反应，生成了脂肪酸皂。这就是现代肥皂的主要化学成分。至今陕西关中、天津、青岛等地，还有老辈人称肥皂为胰子。

到了宋代，就不再有嘲笑某人“不识澡豆”之类的笑话了，因为此时澡豆的使用已经非常普遍。但由于其制作比较讲究且成本仍较高，因而一般只用来净身或洁面，而不用来洗衣物。宋彭乘《墨客挥犀》卷十记载：“（王荆公）面黧黑，门人忧之，以问医人，曰：‘此垢汗，非疾也。’进澡豆令公洗面。”说明澡豆具有去除油污的性能，可以用来清洁皮肤。

宋代又出现了一种新的人工合成的洗涤剂——香皂，是将天然皂荚捣碎研细，加上香料等物，制成小孩拳头大小的球状，专供洗面浴身之用。当时浙江一带有一种树木，其荚果比皂荚更多油脂，因此得名“肥皂”，又叫“肥珠子”。南宋时也用肥珠子制造香皂，成品俗称“肥皂团”。周密《武林旧事》卷六《小经纪》记载，当时京城临安已有了专门经营“肥皂团”的生意人，可见其产品销路不错。

明清时期，有钱人家普遍使用香皂洗面浴身。如《金瓶梅》中提到西门庆洗脸时使用“茉莉花香皂”，《红楼梦》中也多次提到宝玉清晨盥洗之时都使用“香皂”。直到清末，在西方生产的外国香皂传入中国之前，本土生产的传统香皂，一直是有钱人家首选的洗涤产品。

〖休“沐”与理发〗

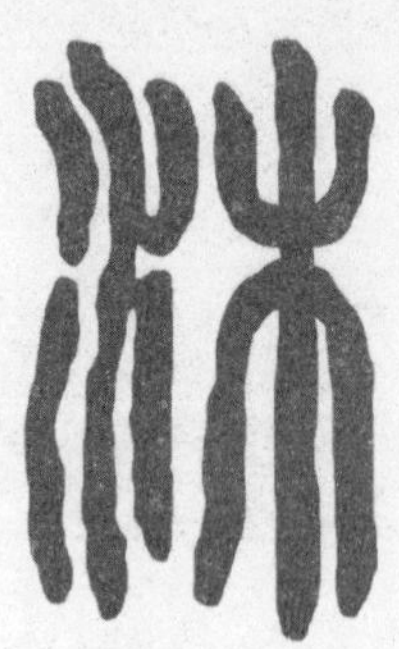

在古代，沐浴是人们生活中的一件大事，除了出于人体日常清洁的需要，还具有多重的社会意义。

古人凡遇庆典、祭祀等重大活动时都要“斋戒沐浴”，以表示内心洁净虔诚。斋戒之礼始于殷商，至西周已成定制。西周的斋戒之礼十分隆重，每逢重大的祭祀活动，先要进行两次斋戒，均由祭司主持一定的仪式，要求与祭者禁食荤腥，并沐浴净身，以示对神灵的恭敬。斋戒沐浴是西周朝廷祭祀礼仪的重要组成部分，由专职官员执掌。

周制，天子赐以诸侯王畿以内供沐浴的封邑，叫做“汤沐邑”。《礼仪·王制》云：“方伯为朝天子，皆又汤沐之邑于天子之县内。”诸侯朝见天子，先要在专供沐浴的封邑洗头洗澡，然后才能上朝，以示对天子的尊重。《论语·宪问》载：“陈成子弑简公。孔子沐浴而朝，告于哀公曰：'陈恒弑其君，请讨之。'"说明孔子对沐浴之礼身体力行。

沐浴亦是古人日常生活中重要的礼仪之一。《礼仪·聘礼》载："管人为客，三日具沐，五日具浴。"又载："飧不致，宾不拜，沐浴而食之。"管人接待来宾，要满足客人三天洗一次头，五天洗一次澡的要求；主人用飧礼招待来宾时，来宾不用拜谢，但要沐浴之后再就食，以表示对主人的尊重。为此，洗头洗澡自然便成了古人的一门重要功课，自先秦以来就已形成三日一洗头、五日一沐浴的生活习俗。

"沐"字未见甲骨文、金文，篆文写作，左边（水），表示雨水，右边（木），既是声旁也是形旁，表示树木。造字本义为雨水淋在树上。隶书写作，将篆文的写成（俗称三点水）。古人日常盥洗分得很细，称洗头为"沐"，洗身为"浴"，洗手为"盥"，洗脚为"洗"。《论衡·讥日》："且沐者，去首垢也，洗去足垢，盥去手垢，浴去身垢，皆去一形之垢，其实等也。"沐、浴、盥、洗都需用水，所以在字形上都有"水"的构件。"水"，早期甲骨文写作，晚期甲骨文又作，其字形均突出水的流动感，中间像水脉，两旁似流水溅起的水花，本义是从云端降下的雨水，从山岩上飞溅而下。现在识读的甲骨文中，有"浴"（）、"盥"（）、"洗"（）字，而无"沐"字，这似乎不太可能。有人认为，商代古人祭祀前都要洁身沐浴，"沐"的重要性当不亚于"浴"，"浴"字既已造出，"沐"字也应该存在。可能是至今未有发现，或是缺乏材料证据无法加以识读。

《说文解字》训"沐"为："濯发也，从水木声。"后来的辞书均取其说，将"洗头发"作为"沐"的本义。其实从"沐"的字形可知，其本义应该是"淋雨"。《庄子·天下》"腓无胈，胫无毛，沐甚雨，栉疾风，置万国"中之"沐"，即有"淋雨"之义。成语"栉风沐雨"，意为风梳发、雨洗头，形容人经常在野外冒着风雨辛苦奔波，其“沐”亦有“淋雨”之义。古人蓄发而冠，长发易生虮蚤，故每过数日必要洗发，“洗发”之义应由此派生而来。“沐”有水从上而下落之义，故其构词中又有“沐恩”一词，表示蒙受自上而下的恩惠。这一引申义亦是从“淋雨”本义而生。

当年屈原有言：“新沐者必弹冠，新浴者必振衣，人又谁能以身之察察，受物之汶汶者乎！”（《史记·屈原贾生列传》）意为：刚洗过头、洗过身的人，穿戴衣帽时，总要弹一弹帽子上的灰尘，抖一抖衣服上的杂质，谁又愿意让干净的身子受到肮脏东西的玷污呢。这是先哲由沐浴而产生的洁身自好、修身养性的一番感悟。

屈原像

引自孙学敏《屈原与楚辞》，吉林出版集团，2010年1月，第5页。

西周时期，沐浴礼仪已形成定制，敬神祭祖之前，人们都要沐浴净身。秦汉之际，社会上则形成沐浴的习俗，人们有三日一洗头、五日一沐浴的生活习惯。由此，汉代出现了中国历史上第一个以沐浴为事由的假日——休沐。休沐，是官府每五天给官员放一日假，用于休息和沐浴，这有点类似于今日的星期休假制度。据《汉书·霍光传》记载：

“光时休沐出，桀辄入，代光决事。”宋叶廷珪《海录碎事·臣职·官僚》记载“汉律，五日一赐休沐，得以归休沐出谒。”《初学记》卷二十：“休假亦曰休沐。《汉律》：‘吏五日得一下沐。’言休息以洗沐也。”

这一制度后来长期得以延续。北魏杨炫之《洛阳伽蓝记·宝光寺》：“京邑士子，至于良辰美日，休沐告归，徵友命朋，来游此寺。”隋江总《山庭春日诗》写道：“洗沐惟五日，栖迟对一邱。”可见，汉初制定的“五天工作制”至隋朝还在实行。到了唐朝，官员的休假制度改为“旬休”，或曰“旬假”，即官员每十天休息一日。王勃《滕王阁序》写道：“十旬休暇，胜友如云。”十日为一旬，“十旬休暇”，即谓“旬休”。尽管古代休假时间多有变化，但“休沐”这一名称后来一直沿用。宋范成大《次韵韩无咎右司上巳泛湖》诗：“休沐辰良不待晴，径称闲客此闲行。”近代郑观应《议院》：“惟礼拜日得告休沐，余日悉开院议事。”中华民国成立后，仿照西方的休假制度，把星期天定为官方正式的休假日。这样的制度一直沿用至今，且演变为一周双休制，即五天工作制，又称周休二日制。

古人束发而冠，经常需要洗发与梳栉。古代男女梳栉，都得用梳子和篦子。《诗经·小雅·采绿》有写女子采绿，“予发曲局，薄言归沐。”意思是说，我的头发卷曲蓬松，快回家沐栉洗梳。朱熹疏《诗经·周颂·良耜》“其比为栉”句：“栉，理发器也。”《左传·僖公二十二年》：“寡君之使婢子侍执巾栉，以固子也。”说明古代贵族有专人为其梳理头发。《晋书·谢安传》：“（桓）温后诣安，值其理发。”这里的“理发”一词，即指沐发与梳栉，与后来的理发是两个不同的概念。晋傅咸《栉赋》写道：“我嘉兹栉，恶乱好理。一发不顺，实以为耻。”显然，梳发洗头已被纳入“礼”的范畴。古时汉人不剃头，因为“身体发肤，受之父母，不敢毁伤”（《孝经》），随便将头发剃掉，即为不孝。

女子梳妆图

引自沐言非《诗经三百首鉴赏大全集》，中国华侨出版社，2012 年 7 月，第 170 页。

古人虽不剃头，但不等于不理发。南朝齐、梁的贵族子弟，“无不熏衣栉发”（《颜氏家训》），社会上开始出现了专职的理发师，称为“栉工”。到宋代，理发业已形成了一定规模，当时的理发匠不但有店铺，而且还有了行会。南宋周密《武林旧事·社会》记载当时的临安（杭州）就有“净发（梳剃）社”。那时，对理发还有个特殊的称呼叫“待诏”，取其随时待命而被召唤之意。

今天，我们讲理发，包括对头发的清洗（沐）和修剪（剃），俗称剃头。剃头之事的兴起是从清代才开始的。满清初入关时，曾下“剃发令”，有所谓“留发不留头，留头不留发”之举，将汉人束发为髻改为剃发留辫。当时，到处都有剃头挑子沿街叫卖，给人剃头。有一俗语叫“剃头挑子一头热”，就是对这种剃头业的真实写照。所谓“剃头挑子一头热”，是剃头匠把剃头用具放在扁担的两头挑着。一头是长方凳，配几个抽屉放置刀、剪之类工具；另一头是个长圆笼，里面放一小炉，锅里烧着热水，再在上面放洗脸盆供洗头用。时至今日，沿街吆喝的剃头匠早已消失，而此俗语仍在各地广为流传。

席地而“坐”

俗话说：站有站相，坐有坐相。意谓一个人无论是站着，还是坐着，都要有良好的姿态。在一般人看来，或许这样的要求似有点小题大做，殊不知，在中华民族礼仪中，这是对个人日常行为举止最基本的要求。就以坐相而言，保持姿态端正，不仅对自身健康有益，也影响着与他人之间的交往。而这样的习惯，是需要从小就开始培养的。

坐相，又曰坐姿，是日常礼仪的重要组成部分。一个“坐”字，所反映的是在椅凳坐具还没有出现以前古人的坐姿特征。

“坐”字虽未见甲骨文、金文，但在先秦典籍早已使用。篆文原写作坐，是一会意字，由从（二人）加上土（土）组成，就像两个人相对坐于土上。造字本义表示主宾双方盘腿坐于地上饮食或交谈。在桌椅还未出现以前，古人习惯席地而坐，坐时两膝着地，臀部压在脚跟上。篆文亦有作坐，误将ꟷ（二人）写成ꟷ（卯），卯是“留”字的略写，有表示主人挽留客人之意。《说文解字》曰：“坐，止也。从土，从留省。土，所止也。此与留同意。”许慎认为“坐”与“留”同义，由“留”和“土”组合而成，就是止于土上。段玉裁注：“止必非一人，故从二人。”

古人的“坐”姿和今人大不相同，这主要是由古今不同坐具所决定的。今天我们可以坐在椅子、凳子或沙发上休息，但至少到中唐时期，椅凳还不是我国主要的坐具，古人一般都席地而坐，并由此形成了独特的坐姿和相应的礼仪习俗。

坐
引自蔡志忠《蔡志忠漫画集》（《中庸》篇），三联书店，1992年，第38页。

古人席地而坐的生活习俗有着漫长的历史。所谓席地而坐，即把席铺于地坐在上面。古“席”字就像一张草席，通常是方形的，甲骨文写作ꟷ，其本义就是古人坐卧铺垫的用具。古人在地上铺席，平时吃饭、会客、议事等活动都在席上进行。也就是说，席是我国最早的坐、卧之具。现今日本人于室中铺草垫（榻榻米），并在上面起居，正是这种古风的遗存。在很长一段时间里，席兼作坐具与卧具，可谓床榻椅凳的始祖。

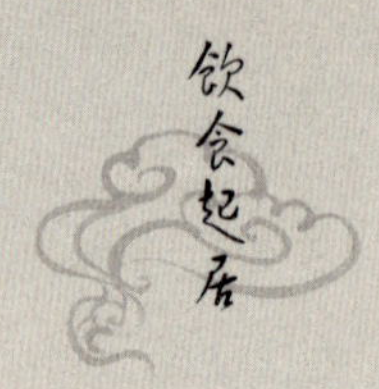

席既然用来充当坐具，便不能没有规矩。我们从《周礼》、《仪礼》、《礼记》中可知，在周朝的礼乐制度中，对席的材质、装饰和使用，都有严格规定，都要受等级与名分的制约。对于贵族而言，居必有席，否则就是违礼。除了尊者有专席，只有身份相同者才能共坐一席。据《礼记》载："父子不同席"；"男女不同席"；"有忧者侧席而坐"；"有丧者专席而坐"。已经坐在席上，对尊者自表谦卑就要避席，而且要伏地。如《史记·魏其武安侯列传》所载："饮酒酣，武安起为寿，坐皆避席伏。"

古代的宅院都是堂室结构，一般为前堂后室，成语有"登堂入室"，就是说要入室必先登堂。堂是坐北朝南的，故在堂上聚会以坐北朝南为尊。在室中聚会，由于室门多开在东面，则以坐西朝东为尊，故东向为筵席上首，称"席上"，也称"主席"，就是同坐中最主要的位置。清凌廷堪《礼经释例》："室中以东向为尊，堂上以南向为尊。"因为室中东向坐的是主人，后来衍生出的"做东"、"东道主"，都与此有关联。《史记·项羽本纪》记录了鸿门宴的座次："项羽、项伯东向坐；亚父南向坐，亚父者，范增也；沛公北向坐；张良西向侍。"从这一记录中，就可看出在场诸人的尊卑高下。当时项羽和他叔父项伯的座位是东向的，属最尊贵；亚父范增是南向的，要次一等；刘邦是北向，再次一等；张良西向，就在门边上，是最差的。这种习俗一直延续到汉代以后。《史记·魏其武安侯列传》："（田蚡）尝召客饮，坐其兄盖侯南向，自坐东向，以为汉相尊，不可以兄故私挠。"

古人长期坐于席上，由此形成了不同的坐姿。古人上堂要脱鞋，入席要脱袜，然后两膝合拢跪在席上，并耸起上身，把臀部靠在自己的脚后跟上，这是正式场合中最恭敬的姿势，叫做"危坐"。商王武丁有个王后叫妇好，可谓

鸿门宴座次
引自李成勋绘画《鸿门宴》，海豚出版社，2012年10月。

中国历史上第一个女英雄，她不仅能征善战，而且还主持过武丁朝的各种重大祭祀活动，她去世后追谥曰“辛”，在她的墓中，就曾出土过一个呈“危坐”姿势的玉人。《管子·弟子职》要求学生听讲时“危坐乡师”，即要朝着老师端坐。后有成语“正襟危坐”，说的正是这种严肃、恭敬的坐姿。

古代还有一种常见的坐姿，人跪在席上，上身挺直，但臀部并不“坐”下去。这称为“跽”，又名“长跪”。《篇海类编·身体类·足部》：“跽。长跪也，伸两足两膝著地而立身。”《日知录》卷二十“坐”：“古人之坐，皆以两膝着席，有所敬，引身而起，则为长跪矣。”跽是将要站立的准备姿势，往往含有多种意向。有表示对他人的敬重，如《战国策·秦策三》：“秦王跽曰：‘先生不幸教寡人乎？’”用这个“跽”，突出秦王欲虚心听取对方意见。有表示警觉之意，如《史记·项羽本纪》：“项王按剑而跽，曰：‘客何为者？’”项羽按剑而跽，是一种准备自卫的动作，可随时一跃而起，以防樊哙的刺杀。也有表示急切情状，如乐府诗《饮马长城窟行》：“长跪读素书，书中竟何如？”写一女子接到久别丈夫来信时急欲一读

的心情。因为坐时重心在臀部，跽时重心在膝部，故跽又有“膝席”之称。

可以设想，不论是“危坐”还是“跽坐”，时间久了，都是够累的，两腿肯定会发麻。魏晋“竹林七贤”之一的嵇康，惧怕做官，据说理由之一，便是受不了办公时的危坐。他说：“危坐一时，痹不得摇。”（《与山巨源绝交书》）痹，就是肢体麻木。所以，在非正式的场合，古人也有一些比较舒服的坐姿。比如“倚坐”，就是臀部着地，两腿向一侧屈曲，手臂可以靠在低矮的凭几上。如白居易《能无愧》诗：“一团香絮枕，倚坐稳于人”，一副轻松悠哉的样子。此外，还有蹲踞。蹲，即两膝如坐状，但臀部不着地；踞与居通，兼有蹲或坐之义。《史记·高祖本纪》云：“沛公方踞床，使两女子洗足。”此“踞”即为坐之意。刘邦召见谋士郦食其时，却坐在床上伸脚让两个侍女洗。一“踞”字，就把刘邦傲慢无礼的性格展现出来了。

在古代日常生活中，最不礼貌的坐姿是“箕踞”。所谓“箕踞”，或曰箕倨、箕股，即臀部着地，两腿伸直而坐，形似簸箕（也有认为盘两足而坐）。“箕踞”一词最早出于《庄子·至乐》：“庄子妻死，惠施往吊之，庄子方箕踞鼓盆而歌。”成玄英《南华真经注疏》：“箕踞者，垂两脚如簸箕形也。”这当然是一种轻慢礼节的姿势。《礼记·曲礼上》曰：“立毋跛，坐毋箕。”箕，即箕踞，可见这一坐姿是为古代礼法所不容的。《史记·刺客列传》写荆轲刺秦王而不中，身负重伤，“轲自知事不就，倚柱而笑，箕踞而骂”。这一细节描写很传神，无论是笑、骂，还是箕踞，都是荆轲在行刺失败后，向秦王能表示的最大蔑视与嘲讽。

南北朝时，从西域传来了一种叫“胡床”的坐具，使华夏民族古老的坐姿开始发生变化。随着坐具的日益普及，人们的日常起居也不用再都坐在地上了。不过，这种坐姿的变化，已不是原来的“坐”字的意义了。

〖“立”姿与立容〗

“站如松，坐如钟，行如风，卧如弓”，这是古人对人体四种主要姿势的形象概括，一直被后人奉为圭臬。其中，站立是一个人礼仪举止的基础，要培养良好仪态，首先就要学会站立。正确的站立姿势，就如古人所言，看上去像松树一样挺拔。要做到这样，需保持身体直立，抬头、收腹、挺胸，两臂在同一水平线上自然下垂。这样，看起来稳重、大方，有一种精神焕发、玉树临风的美感。

有人以为谁不会站立，但是会站不等于有站相。生活中，我们经常可以看到，有的人站在一个地方，随意歪着头或耸着肩，有的还撇着腿，自以为很潇洒，却给人一种玩世不恭的印象，甚至令人生厌。《弟子规》曾对站相提出过“勿跛倚”的要求。何谓“跛倚”？《礼记·礼器》曰：“有司跛倚以临祭，其为不敬大矣。”郑玄注：“偏任为跛，依物为

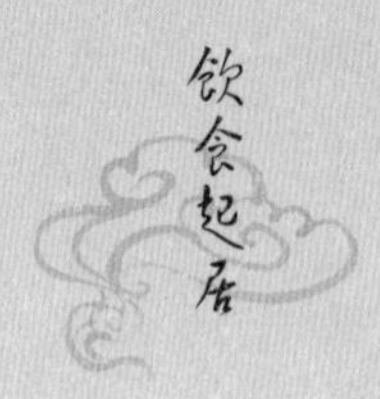

倚。”孔颖达疏：“以其事久，有司倦怠，故皆偏跛邪倚于物。”“不跛倚”，就是人在站立时不要把重心放在一只脚上，或倚靠于门、墙等物，使身体歪斜不正。

“立”字甲骨文写作或，像一个人站在地上，下面一横是指事符号，意为地面。甲骨文“立”字既表示站立，也表示站立的地方，本义就是人站在地上。如《庄子·养生主》：“提刀而立，为之四顾，为之踌躇满志。”后引申为树立、设立、建立等词义。金文承续甲骨文字形，写作，人的形象性似更强。篆文写作，把站着的（人）写成，将原分腿叉立变成了正面直立。隶书作，已彻底失去人的形象。《说文·立部》曰：“立，住也。从大，立一之上。凡立之属皆从立。”“立”是汉字一个重要部首，凡从“立”的字多与人的站立有关。由于人的站立时间一般总是不太长，所以“立”字后又引申出“立刻”、“立即”等副词，以表示时间之短。

“立”是一个人站在地上，若是两个人并排站立，就是“竝”（并）字，甲骨文写作，金文作，像两个人并立在同一地面上，造字本义就是二人并立。篆文写作，已看不出人的形象。后隶书将篆文连写成，楷书作竝，简化作“并”，一直使用至今。

早在两千多年前的先秦，人们对立姿和坐姿就极为重视，并把它作为礼制仪容的一项重要内容。古代不少典籍，如《论语》、《管子》、《吕氏春秋》、《礼记》等，已从礼仪的角度出发，对人的立姿和坐姿提出种种要求，以符合长幼尊卑的秩序。其中，尤以《礼记·曲礼》的要求较为详细。诸如：

“立必正方，不倾听。”意为在正式场合，人站立的姿势一定要端正，不要随意歪着头探听左右。

“若夫坐如尸，立如齐。”意为坐要坐得像代表死者受祭的人一样端正；站要站得像参与祭祀或典礼一般恭敬。

“坐不中席，行不中道，立不中门。”意为席坐之时不居中间，走路之时不占中道，站立之时不堵中门。

“游毋倨，立毋跛，坐毋箕，寝毋伏。”意为走路时不要傲慢自得，站立时不要偏用一脚而歪斜，坐地时不要像簸箕一样伸开双腿，睡觉时则不能趴着。

到了汉代，随着儒学的日益兴盛，社会上对日常礼仪更为重视和讲究。人们交际往来，彼此互相尊重，由于施礼对象地位、身份或年龄的不同，表现的仪态也不一样。为此，西汉著名学者贾谊在其《新书》中，有“容经”一卷，专门系统阐述了与日常礼仪相关的内容，并细分“立容”、“坐容”、“行容”、“趋容”、“跪容”、“拜容”等条目。以“立容”为例，又有“经立”、“共立”、“肃立”和“卑立”的区别。

贾谊画像

引自贾谊《贾谊新书》，上海人民出版社，1976年6月。

在《新书》第六卷《容经》中，贾谊是这样规范“立容”的：“固颐正视，平肩正背，臂如抱鼓。足闲（间）二寸，端面摄缨。端股整足，体不摇肘，曰经立；因以微磬曰共立；因以磬折曰肃立；因以垂佩曰卑立。”

我们分别来看这四种不同的“立容”，是如何体现礼制仪容的。

“经立”，是指人们通常站立的姿势。动作要领是：整好冠带后，头不歪斜，眼睛正视前方，肩部平整，腰部挺直，双手在胸前抱掌；两脚站立间相隔约二寸，并稍稍提臀，保持腿不弯曲，臂不摇摆。 也就是说，人体从头到脚都要均衡、自然，切忌僵直。我们现在看到的秦始皇陵兵马俑中的将军俑，大多就是呈这样的站立姿势。

“共立”即恭立。是在经立动作基础上，头略低，腰部自然弯曲，如同古代一种背部呈弯曲状的乐器——磬。“微磬”，即稍稍弯腰表示礼貌。后来《弟子规》有曰：“路遇长，疾趋揖；长无言，退恭立。”意谓在路上遇到长者，应小步快走到他面前，恭敬地行拱手礼；如果长者有话问就回答，如长者无言，就要退而恭立。

“肃立”，难度较大，贾谊用“磬折”来比照。“磬折”，即弯腰表示谦恭。《礼记·曲礼下》曰：“立则磬折垂佩。”孔颖达疏：“臣则身宜偻折如磬之背，故云磬折也。”古人常以磬折表示敬意，如曹植《箜篌引》：“谦谦君子德，磬折欲何求。”杜甫《遣遇》诗：“磬折辞主人，开帆驾洪涛。”磬，原是中国最古老的石制打击乐器，后多用铜、玉制成，其背上穿孔，用以悬挂。自西周以后，其背部由原弯曲变成弯折形状，磬背的折度，《周礼·考工记》规定为“倨句一矩有半”。“倨句”，亦作“倨佝”或“倨拘”，指物体弯折形状的角度；一矩为直角 90 度，再加半矩就是 135 度。由此可见，肃立要求弯腰弧度显然要比“共立”大得多，而且不能马上直起，常常是久久躬身，显得毕恭毕敬。平时，只有见到长辈贵宾，才会如此恭敬的站立。

与“肃立”相较，“卑立”的难度更大，要求是达到“佩垂”。佩是古人用绳系在衣带上的饰物，多用玉制。玉佩原来紧贴衣物，要让其悬空下垂，势必要尽可能地弯腰。比照肃立的恭敬程度，“卑立”弯腰应当又大于磬折的弧度，即超过“一矩有半”。这样，才能让腰间的玉佩能够垂直。这恐怕已经不是一般的恭敬礼貌了，而是有点低三下四。古人只有在见到国君或地位煊赫的官吏时，才会采用这样的站立姿势。

三人不同的站立姿势
引自李成勋绘画《鸿门宴》，海豚出版社，2012年10月。

时至今日，古老的礼仪早已发生了很大变化，有些则因不合时代需要而自然淘汰了，如那种有失自尊的“卑立”。但在日常生活的社交礼仪中，我们还能找到一点古代“立容”的痕迹。如在宾馆或商场门口，礼仪小姐站立时双目平视，双手合叠腹前，有时还以微倾前身向客人表示礼仪，这可谓是“恭立”的简化形式。在现代社交场合，我们可以根据对象增减躬身的程度，但低头示敬还是必须的。至于在一些庄重、严肃的场合，如奏国歌时全场都需肃立。当然，现在的肃立已不需再大幅弯腰，而是以正身直立来表示我们的敬意。

〖"叩"拜"之礼〗

2008年2月11日，著名笑星赵本山公开举行收徒仪式，整个仪式历时1小时30分钟，经过上香、敬茶等7个环节，共接受35位徒弟的集体叩拜。一时间这一话题闹得沸沸扬扬，关于叩拜礼的提倡与批判也众说纷纭、莫衷一是。

叩拜，又称跪拜，是中国古代使用时间最长、最频繁的一种礼节，已有几千年的历史，主要是向对方表达一种恭敬之意。与我们现在一般使用的握手礼和鞠躬礼相比，叩拜所表达恭敬的程度自然更深，其含义也更丰富。行叩拜礼时，人要俯首低视，双手及头部都要下垂及地。从这一动作本身来看，拜，一定是和跪联系在一起的，不跪就不叫拜。这原与古人席地而坐的生活习俗有关。至今日本、韩国都还保留着这种生活起居方式，故跪拜之礼依然流行。如在日本柔道比赛或训练中，跪礼，就是一种很高的礼节，一般都是用来感谢自己的恩师、教练或者对自己帮助极大的人。

《说文解字》无“叩”字，对应的有“敂”字。《说文》曰：“敂，击也。从攴，句声。读若扣。”从“攴”(pū)，表示与敲击或击打有关。“拜”是个会意字，金文《友簋》写作[illegible]。[illegible]（手），表示作揖；[illegible]（页），即头的形象，似面向左而立的人头形。造字本义就是以叩拜致礼，后又作为行礼的通称。籀文作[illegible]，[illegible]（并），[illegible]为两手之形，两手合掌为“拜”。小篆作[illegible]，承续籀文字形，为强调手的行礼动作，又在右手下加一横指事符号——[illegible]，表示叩头时需双手按地。隶书写作[illegible]，将篆文的[illegible]（手）写成[illegible]。《说文》曰：“拜，首至地也。”又引扬雄说：“拜从两手下。”

叩拜

引自沐言非《诗经三百首鉴赏大全集》，中国华侨出版社，2012年7月，第202页。

古汉语中，“拜”字多作敬辞，用在自己的动作前，表示对对方的恭敬，如拜谒、拜托、拜谢、拜别、拜读等。我们现在所说的拜年，原来意思就是小辈向长者恭贺新年，包括向长辈磕头施礼。“拜”又泛指各

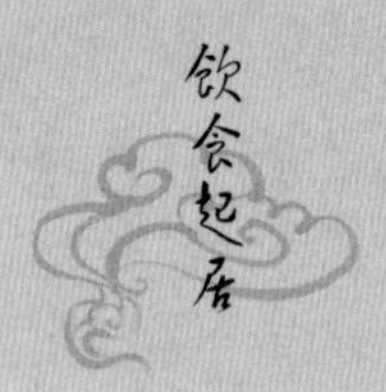

种礼节，因此，用一定的礼仪授与某种名义、职位或形成某种关系，也称“拜”，如拜官、拜师、拜把子等。

在桌椅出现以前，古人都是席地而坐的。那时的“坐”，就是双膝着地臀部靠在脚跟上，持这种坐姿，行叩拜礼是很自然而连贯的。所谓“两膝著地，以尻著踵而安者为坐；伸腰及股而势危者为跪；因跪而益致其恭，以头著地为拜。”（朱熹《跪坐拜说》）接待宾客时，主人为表示对客人的尊敬，往往要伸直上半身，使坐姿变成了跪姿；而当俯首以手触地之时，则成为拜姿。这样，逐渐形成了生活中的叩拜礼。也就是说，古人“坐”在地上俯身行礼原很自然，且是一种双方互动的礼仪（主人叩拜行礼，客人也需同样答礼），最初并没有什么上下尊卑、高低贵贱之分。随着后来阶级社会的产生、等级制度的日益森严，这种礼仪才变得越来越不平等，以致成了一种表示等级差别的标志。

叩拜是古代常见礼节，周代已对叩拜的动作和对象，有了严格的规范。当时各种不同地位、身份的人，在各种不同的场合，使用的叩拜礼都是不同的。《周礼·春官·大祝》：“辨九拜：一曰稽首，二曰顿首，三曰空首，四曰振动，五曰吉拜，六曰凶拜，七曰奇拜，八曰褒拜，九曰肃拜。”其中，稽首、顿首和空首这三拜是所谓“正拜”，为叩拜礼最基本的类型，其他种类都是由此衍生出来的。

稽首，是古人最隆重的礼节，一般用于臣子拜见君王和祭祀神灵、先祖的礼仪。行稽首礼时，拜者必须屈膝跪地，然后双手在膝前按地，再缓缓叩首到地，并要停留一会才能起来。《周礼》郑玄注：“稽首，拜头至地也。”贾公彦疏：“稽首，其稽，稽留之字。头至地多时则为稽首也……稽首，拜中最重，臣拜君之拜。”因为稽首原是臣拜君之礼，古代对稽首之礼最为看重。后来，人们祭拜祖庙、天神，新婚夫妇拜天地、父母等，也都用此大礼。

顿首与稽首略同而又有所区别，“顿”是稍停的意思。《周礼》郑玄

古人拜访的场面

引自丛书编委会编撰《大中国上下五千年 中国礼仪文化》，外文出版社，2010 年 11 月，第 204 页。

注："顿首，拜头叩地也。"行礼时亦取跪姿，先拱手下至于地，然后头在手前面的地上叩一下即起，因其头触地时间短暂，只是略作停顿，故称顿首。通常用于下对上及平辈间的敬礼，如官场的迎送、民间的拜贺活动等。旧时也常用于书信的开头或末尾以示恭敬。如南朝梁代丘迟《与陈伯之书》，开头是"迟顿首陈将军足下"，结尾又是"丘迟顿首"。

空首，又称拜手。《周礼》郑玄注："空首，拜头至手，所谓拜手也。"拜手，就是头没有叩到地面仅至手即止。行礼时双膝着地，再以两手至地，然后引头至手，与心平而不到地，故称"空首"，又叫"拜手"。空首原是国君回答臣下之礼，后成了古代男子叩拜礼的一种。

这里，还要提及一种专用于女子的叩拜礼——肃拜。肃拜原是军礼，也是"九拜"之一种。古代军士身披甲胄，不便跪拜，而用俯身拱手行礼，《礼记·曲礼上》就有"介者不拜"之说。后来，肃拜成了女子专用的拜仪。《周礼·春官·大祝》注："肃拜，但俯下手，今时揖是也。"疏：

"肃拜者，拜中最轻，唯军中有此肃拜。妇人亦以肃拜为正。"女子肃拜又分为两种：一种是席地而坐所行的拜仪，即两膝跪地，两手亦拱合至地，适用于女子初见舅姑及祭祀等重大场合。唐代，新婚之妇见舅姑，俗名拜堂，如王建《失钗怨》诗："双杯行酒六亲喜，我家新妇宜拜堂。"另一种是坐用椅凳后形成的拜仪，即稍作鞠躬之状，适用于一般场合。《朱子语类》卷九一："问：古者妇人以肃拜为正，何谓肃拜？曰：两膝齐跪，手至地而头不下为肃拜。"朱熹所言，当指肃拜的第一种拜仪。

叩拜礼在民间俗称"磕头"，因场合的不同，叩拜仪式也多有不同。后人祭祀宗庙祖先、弟子拜师及新婚夫妇拜天地、父母等，都要行稽首之礼。平辈同僚之间迎来送往，则行顿首之礼。而当小辈向长辈行稽首礼时，长辈原只需以空首礼答拜即可。行礼时，男女亦有区别。男子一般要先作揖，再双膝下跪，以手按地后俯身叩几个头，然后起来。女子则不需作揖，直接下跪俯身叩几下头，即可站起。旧有所谓"三揖九叩"之说，多为祭祖、祀神等重要场合的礼节。行礼时，施礼者先拱手一揖，双膝下跪连叩四个头站起；又向前一步作揖，跪下叩一个头即起；再作一揖后，又下跪叩四个头站起。因其一共作了三个揖，叩了九个头，故称"三揖九叩"或"三跪九拜"。

当凳椅坐具逐渐应用于生活中，人们开始不再席地而坐，因而使原来的坐姿发生了相应变化，叩拜礼已显得十分不便。但作为一种被赋予了特定社会文化内涵的礼仪，叩拜礼依然还长期存在，并成了一种显示等级差别的标志，主要广泛用于官场应酬之中。直到辛亥革命胜利，推翻了满清王朝，才正式废除了这种礼仪，改用鞠躬、握手等礼节。而在民间仍经常使用叩拜礼仪，不过，亦只有在祭祀、丧奠、祝寿、拜年、拜师等特定场合，其他一般场合是不能随便使用的。

【古代的“饮”料】

古代没有“饮料”一词，但我们聪明的祖先早就开始制作饮料。这些饮料大多采用天然植物材料，在满足口感的同时，又具有保健的特殊功能。

饮的繁体字“飲”，甲骨文写作[古文字]，右边是一个弯着腰的人[古文字]，左上是这个人低头伸着舌头[古文字]，而左下部分是个酒坛[古文字]，整体看起来，就像一个人正弯腰低头并伸出舌头向酒坛饮酒的样子。造字本义表示喝酒。早期金文简化字形，写作[古文字]，省去了舌头形象；晚期金文写作[古文字]，上面增加了一个声符[古文字]（今），表示含酒在口，遂使贪饮之状不复存在。篆文承续晚期金文字形，写作[古文字]。《说文系传》：“酓，酒味苦也。从酉，今声”。隶书写作[古文字]，将含有酒坛意义的部件改为表意偏旁[古文字]（食），又以[古文字]（欠）代[古文字]（今）。

华夏先民很早就发明了酒，故汉字里从酉（酒）的字非常发达。古代饮酒成风，用饮酒表示饮的本义，正是这种酒文化的形象反映。“饮”字后用来泛指喝其他所有的饮料，又统指饮食。如《易·需卦》：“君子以饮食宴乐。”

说起中国人最常用的饮料，当然非茶叶莫属。追溯茶的起源，说法颇多，莫衷一是。据《神农本草经》记载：“神农尝百草，日遇七十二毒，得荼而解之。”此所谓“荼”，即是“茶”的古称。民间传说，神农有一次在野外用锅烧水时，几片树叶飘进了锅里。神农喝了烧过的水以后，感觉神清气爽。凭借多年尝百草的丰富经验，他知道这是一种良药。于是，世间就有了茶。这是关于中国饮茶起源最流行的说法。

茶在中国有着悠久的历史，中国是茶的故乡，也是茶文化的发源地。人们要回顾茶的历史，了解中国茶道，便自然会想到中国茶史上的传奇人物——“茶圣”陆羽。茶事非始于中唐陆羽，陆羽对茶业的贡献，主要是开创了为茶著书立说的先河，他的《茶经》，把茶的有关经验、知识，总结为一门学问，从而创建了世界上最早的茶学。

唐伯虎《事茗图》

引自丁以寿《茶画赏析 唐寅〈事茗图〉》，《普洱》，2012 年第 12 期。

俗话说，“开门七件事，柴米油盐酱醋茶”，茶竟占其一。茶的性质温凉，喝后可以生津止渴，作为饮料最为适宜。茶又有健身、治疾之药物疗效，可陶冶人的性情，给人以清新、淡雅的感觉。中国人饮茶，注重一个

“品”字，“品茶”不仅是鉴别茶的优劣，更多是领略饮茶的情趣。自斟自饮，可以消除疲劳、提神醒脑；而坐茶馆、开茶话会，则是群体性的茶艺活动。生活中，以茶代酒，少了一分对身心的刺激，多了一分恬静的闲趣。中国人习惯以茶待客，并形成了相应的饮茶礼仪。比如，古时请客人喝茶，主人要用双手奉上茶盘，而茶杯应放在客人右手的前方，并及时给客人续水。

除了传统的饮茶以外，现在我们所喝的饮料一般可分两类：一是碳酸饮料，二是果汁饮料。我国古代虽没有碳酸饮料，但天然的果汁饮料却是品种繁多，数不胜数。

唐宋时曾流行过一种名叫“汤饮”的饮料，又称“汤”或“饮子”。这是一种兼有药用价值的保健饮料，但又不是纯粹的汤药。这种“汤”，不仅味道甘甜，还具有保健功效。北宋朱彧《萍洲可谈》记载：“今世俗客至则啜茶，去则啜汤。汤取药材甘香者屑之，或温或凉，未有不用甘草者。此俗遍天下。”可见北宋时的“汤”是非常盛行的日常饮料。此类的汤，正属于保健饮料的范围。其他如著名的“二陈汤”、“青梅汤”、“绿豆汤”等，亦都以汤为名。

在我国古代，还有制作方法成熟的各种消暑饮料，也大都采用天然植物制作而成，统称为“熟水”。据宋人陈元靓《事林广记》记载，宋仁宗曾下令，让翰林学士们为当时种类繁多的熟水作鉴定。结论是：紫苏熟水“能下胸膈滞气，功效最大”，为上品；沉香熟水次之；麦门冬熟水又次之。实际上，紫苏汤、麦门冬汤，还有薄荷汤与酸梅汤等，在初唐就已是民间流行的重要饮料。到了宋代，这类天然的饮料更为普遍。在夏日的冷饮摊上，紫苏熟水到处有售，同时，家庭自制各类熟水也是很普通的事。《事林广记》别集卷七就专有“造熟水法”。

李清照有《摊破浣溪沙》词：“病起萧萧两鬓华，卧看残月上窗纱。

豆蔻连梢煎熟水，莫分茶。”当时她刚生了一场病，只能卧床休息。夜晚来临时，女主人感到口渴，丫鬟便从庭院中剪来了带枝的新鲜豆蔻果，用水煮开，制成“豆蔻熟水”让女主人喝。这种“熟水”不光取材方便，且制作简单。李清照所喝的“豆蔻熟水”，就是把白豆蔻洗净，投到开水瓶中，密封片刻，即可饮用。宋朱弁《曲洧旧闻》卷四：“新安郡界中，自有一种竹叶，稍大于常竹，枝茎细，高者尺许，土人以作熟水，极香美可喜。”此熟水，也就是民间所称的竹叶茶。

李清照画像

引自张崇琛《李清照画像考辨》，《潍坊学院学报》，2007年5月。

与“汤饮”、“熟水”之类热饮相比，我国古代冷饮制作的历史更为悠久。古代的冷饮大约起源于商代。《周礼·天官·凌人》所记，周王朝已有贮冰的习惯，并设专掌贮冰的“凌人”，在冬季主持斩冰之事。《诗经·豳风·七月》记载：“二之日凿冰冲冲，三之日纳于凌阴。”说明为了贮冰还要动用大量劳力，从夏历十二月开始挖冰，到次年一月才全部贮好。到了春秋末期，冰的用途更为广泛，诸侯们喜欢在宴席上饮冰镇米酒。《楚辞·招魂》中有“挫糟冻饮，酎清凉些”的描述。“挫糟”，即挤压酒糟，使酒精纯；“冻饮”，即冰镇。大意为经过滤、冰镇后的米酒，饮用时既醇香又清凉。至汉代，冷饮还是一种较稀罕的饮料，一般只有官宦人家享用。

唐宋时期，冷饮制品逐渐增多，除了宫廷中流行，在民间亦得以推广，开始出现“冰商”，即商业性的藏冰户。《唐摭言》有记，当时街头卖冰已成为一道风景，还出现了天热涨价的现象。宋代冷饮品种日渐丰富，并有了专门出售冷饮的商店。在《东京梦华录》、《西湖老人繁胜录》、《梦粱录》、《武林旧事》等书中，提到当时汴京或杭州的冷饮有几十种之多，著名如：砂糖绿豆、红茶水、漉梨汁、木瓜汁、卤梅汁、姜蜜汁、紫苏饮、荔枝露水、白醪凉水、金桔团雪泡、沉香水等。据孟元老《东京梦华录》记述，北宋都城开封夜市场面热闹，每到夏天，夜市冷饮生意更是红火，常要营业到半夜方结束。

元代在冰酪制作中掺入果浆和牛奶，已十分接近现代的冰淇淋。当意大利旅行家马可·波罗来到中国时，元世祖忽必烈曾让他品尝这种冰酪。马可·波罗回国时，要求把冰酪的制作技术传授给他。这样，他把中国的冰酪配方带回意大利，以后又辗转传至法国，西方的冰淇淋由此而诞生。

到明清时期，冷饮已不再是稀罕之物，酷暑之时，沿街到处都有叫卖冰块及冷饮者。当时冷饮的名牌品种主要有：冰果、冰酪、凉茶、酸梅汤、木樨露、玫瑰露等。清代名医赵学敏《本草拾遗》所记，木樨露即桂花露：“桂花蒸取，气香味微苦，明目疏肝，止口臭。”玫瑰露：“玫瑰花蒸取，气香而味淡，能和血平肝养胃宽胸，散郁。”由此看来，这种香露不仅香味浓郁，而且可用来疏肝理气，经冰镇后饮用，既满足了口感，又达到保健的特殊需要，真可谓一举两得。

【民以“食”为天】

中国作为饮食文化极为发达的国家，很早就有“民以食为天”、“礼乐文化始于食”的观念。春秋时期，孔子在饮食方面十分讲究，他主张：“食不厌精，脍不厌细。”（《论语·乡党》）正是受传统文化的影响，中国人在饮食上不仅为了生理上的需要，还追求精神上的美感与愉悦，讲究色、香、味、形俱佳。对此，孙中山先生曾在《建国方略》中说：“中国不独食品发明之多，烹调方法之美，为各国所不及。而中国人之饮食习尚暗合乎科学卫生，尤为各国一般人所望尘不及也。”

“食”字在早期甲骨文写作。是朝下的“口”，表示低头吃东西；为盛物的容器，中间一横起指事符号的作用，表示容器里盛放的是可以吃的食物。造字本义是人张口对着食具吃饭。甲骨文“食”字亦有写作。金文承续甲骨文字形，写作。篆文作，将盛器的底部写成

（匕），为古代勺、匙之类的取食用具，表示不用手而是持“匕”进食。隶书字形发生较大变化，写作，将篆文下面的写成。《说文解字》曰：“食，饣米也。从皀，亼声。或说亼皀也。凡食之属皆从食”。后用“食”（饣）做偏旁，创造了大量与饮食有关的汉字。

远古时期，先民只吃两餐，以适应“日出而作，日落而息”的生产作息制度。为此还专门创造了两个字：“饔”和“飧”。“饔”又叫大食，是指早上吃的主餐，比较重视；“飧”又叫小食，字形从“夕”从“食”，一看便知是指下午吃的晚饭，比较简单。后来这二字合在一起组成“饔飧”一词，泛指饭食或熟食。如《孟子·滕文公上》：“贤者与民并耕而食，饔飧而治。”赵岐注：“饔飧，熟食也。”成语“饔飧不继”，是指吃了上顿没有下顿。后又引申为馈食及宴饮之礼。如《孟子·告子下》：“夫貉，五谷不生，惟黍生之；无城郭、宫室、宗庙、祭祀之礼，无诸侯币帛饔飧，无百

西周青铜食器：鬲

引自李建伟，牛端红编著《中国青铜器图录》（下册），中国商业出版社，2000年5月，第273页。

官有司。”朱熹集注：“饔飧，以饮食馈客之礼也”。

中国自古疆域辽阔，地形多样，加上气候多变，这就为中国人的饮食提供了大量而丰富的动植物原料，并形成了汉民族基本饮食结构特征：以粮食作物为主食，以各种动物食品和蔬菜作为副食。形成这一饮食习俗的主要原因，是由经济生产方式所决定的。历史上，中原地区长期是以农业生产为主，由此产生了相应的农耕文明和生活方式。当然在不同地区、不同阶层中，人们食物的配置比例亦不尽相同。后来，随着农业生产的发展，人们逐渐形成了一日三餐的饮食习惯。在饮食上，中国人又以熟食为主，这和中国古代文明开化较早有关。古人认为：“水居者腥，肉臊，草食即膻。”熟食可以“灭腥去臊除膻”（《吕氏春秋·本味》）。

米食和面食是汉族主食的两大类型。南方因气候湿热，多种植稻类，故以米食为主；北方气候相对干冷，多种植小麦，则以面食为主。此外，各地还有许多其他粮食作物作为杂粮，如玉米、高粱、谷类、薯类作物等，也都成为主食的组成部分。现在，中国南方地区仍以米食为主，故米食品种繁多，如米饭、米糕、米粥、米团、糍饭、汤圆、粽子等；北方地区则以面食为主，馒头、饺子、包子、面条、烙饼、馅饼等都为人们日常喜爱食物。无论南北，各地都有自己地方特色的食品。如山东煎饼、陕西泡馍、天津大麻花、山西刀削面、四川担担面、宁波水磨年糕、上海小笼包等，都是有名的地方风味食品。

与丰富的主食相对，作为副食，中国菜肴在长期烹饪中出现了许多流派，并形成不同类型的地方菜系。其中，粤菜、川菜、鲁菜、淮扬菜、浙菜、闽菜、湘菜、徽菜被称为“八大菜系”。不同的菜系，其口味具有很大的不同。过去，人们常把中国人的口味概括为南甜、北咸、东辣、西酸。此说虽然过于笼统，但在一定程度上概括了我国饮食文化的地区差异，同时，也反映了人们的口味与地理环境存在着相应的联系。譬如，喜辣的饮食习俗多与东部地区气候潮湿有关，经常吃辣可以驱寒祛湿；过去新鲜蔬菜在北方是罕见的，人们习惯把菜腌制后慢慢食用，这样，北方大多数人就养成了吃咸的习惯。

除了地理环境因素外，各地的烹调方法，包括配料、调味、火候、刀工等不同要求，都是形成不同菜肴类型的重要因素。可以说，一日三餐中主食和菜肴的搭配方式，各地既有一定的共同性，又形成了自身一系列的具体特点。

我们在品尝美味佳肴时，往往会说这道菜好吃，然而，若要进一步细究为什么“好吃”？恐怕一般人就讲不清楚了。这说明，中国饮食似有着一种难以言传的奥妙。这种奥妙，关键就在于它的味道。与西方“菜生而鲜，食分而餐”的饮食传统相比，中国烹饪更讲究调和之美，这是中国烹饪艺术的精妙之处。美味的产生，即在于调和，要使食物的本味，加上配料和调料的调和之味，交织融合在一起，使之达到中和之美的最佳味道。中国菜讲究色、香、味、形俱全，菜点的形和色是外在的东西，而味却是内在的东西，它看不见摸不着，非高明的厨师是难以掌握的。

从古至今，中国人喜欢把饮食与节庆、礼仪活动结合在一起，每逢年节或婚丧寿辰，都会举办各种宴请活动。在节日里，人们通过相应的饮食活动加强亲友联系，又可活跃节日的气氛。如过春节各地要吃饺子、汤圆或年糕。尤其是大年初一，北方有一种习俗，全家人拜完年，便围坐在一起，边包饺子边聊天，欢声笑语，其乐融融。每年农历五月初五端午节，人们都要吃粽子，以寄托对屈原的深切怀念。清明时节，江南一带有吃青团的习惯，这与当地人们用青团来祭祀祖先的古老风俗有关。还有中秋节家家都要吃月饼，表达了人们对合家团聚、亲人安康的美好心愿。

古人共享美食

引自乔姣姣《中国红 中国饮食 =Chinese Food》，黄山书社，2012 年 6 月。

在中国饮食礼俗的形成和演变过程中，宗教无疑也产生了重大的影响。任何一种宗教都要按自己的教义、教规制定各种饮食的禁忌。如西北地区信仰伊斯兰教的回族，禁食猪肉，故回民喜欢吃牛、羊肉，很多食品如抓饭、牛肉拉面、牛羊肉泡馍等在当地十分流行。这种饮食习惯还对其他地区产生影响，现在清真餐馆遍及全国各地，自成系列的清真菜点也是中国饮食风味重要流派之一。又如大量信奉佛教的僧人，受佛教教义“不杀生”的影响，形成了素食的饮食习惯。于是，在中国膳食中出现了不少素食名菜。还有许多人信奉道教、基督教、萨满教等，这都不同程度地影响着他们的饮食习惯。

一个地区的饮食礼俗具有相对的稳定性，但并不是一成不变的。近年来，随着经济的快速发展和生活水平的不断提高，人们的饮食习惯及膳食结构均发生变化，粮食在食品结构中的比例明显下降，而动物及油脂类的摄入量大幅增加，由此导致出现各种富贵病。于是，人们又开始反思并作出调整，在吃的方面已不满足于吃饱、吃好，而是对“吃什么”和“怎么吃”讲究起来。除了保持食品色、香、味、形俱佳，还要讲究丰富的营养价值。显然，这已不是为满足口欲而吃，主要是为健康、长寿而吃。

【中国人的主食——“米”】

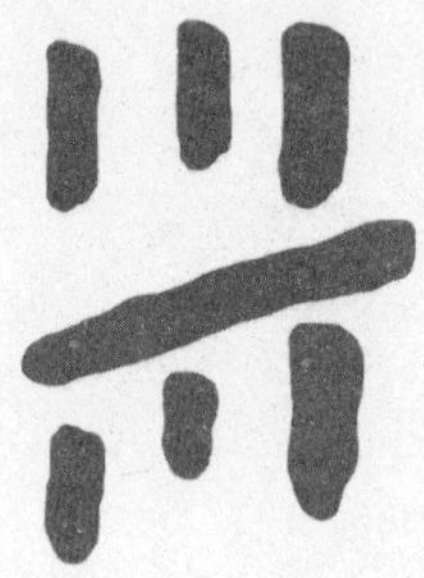

米是中国人的主食，以大米为主食的生活习惯，构成了中国老百姓共有的米食文化。

在遥远的古代，我们的祖先就以米为主食，除了日常生活中所吃的米饭，在许多节日庆典上也多以米为原料，制成各式各样的点心。再加上我国地大物博，人们在生活习惯上各有差异，因此，所呈现出来的米食文化也是丰富多彩的。可以说，米食不仅是中国人赖以生存的基础物质，其影响也深入人们生活的各个层面，无论出生、成年、结婚、祝寿甚至死亡，米食都在各项人生礼仪中占有重要地位。

早在三千多年前，甲骨文中就有了“米”字现身。米的甲骨文字形为，作为一象形字，它所描绘的是禾黍之形。为穗梗，似穗梗上的粟子，合在一起，像穗梗上结满粟子。一说“像米粒琐碎纵横之状”（罗振玉

《殷墟书契考释》），周围的六个点儿就像米形，中间加一横主要是为了和沙粒、水滴等相区别。金文里还未发现“米”的独体字。篆文写作米，将直线形的穗梗一写成十，而将原上下六点加以简化，使原穗梗上结粟子的形象完全消失。隶书承续篆文字形，写作米。

古今“米”的字义有所不同。古代所称的“米”实为粟子，孙诒让《周礼》正义：“已舂者为米，未舂者为粟。”这与今人所指的稻仁亦即大米是不一样的。《说文解字》曰：“米，粟实也。象禾实之形。凡米之属皆从米。”说明“米”的本义是指去掉皮、壳的谷物，即五谷的子实，如小米、包米、稻米等，但今天“米”的字义已缩小，用来特指稻米了。“米”是汉字的一个部首，凡从“米”的字都与粮食有关，如粟、粳、糠、糍、粥等。后来又引申为像米一样碎小的东西，如虾米、花生米等。古汉语有以“米盐”喻繁杂琐碎之事，如《汉书·酷吏传·咸宣》：“宣为左内史，其治米盐，事小大皆关其手。”颜师古注：“米盐，细杂也”。又因“米”字似由“八”、“十”、“八”三字组合而成，所以民间把老人88岁称为“米寿”。

古代的食物主要是谷物，而中国很早就有“五谷”之说。《周礼·夏官·职方氏》云：“谷宜五种。”郑玄注：“五种，黍、稷、菽（豆）、麦、稻也。”明谢肇淛《五杂俎》曰：“五谷者，稻、黍、稷、麦、菽也。”此外还有六谷、九谷乃至百谷之说。之所以出现不同说法，是因为当时的作物肯定不止五种。有学者认为，“五谷”说之所以盛行，除了神农氏教民播五谷的传说，还可能是受到古代五行学说的影响所致。因此，概而言之，所谓“五谷”，指的就是几种主要的粮食作物——五谷杂粮。

实际上，不光是稻米，“五谷”经加工后都可称米。如稷也叫粟，最早见于新石器时代，由莠（狗尾巴草）驯化而来，通称“谷子”，去皮后又称小米。稷是“五谷”中居于首位的庄稼，有“谷神”之名，与“社”（土神）合称为“社稷”，就是“国家”的意思。黍，是北方干寒地区主要农作物，通称“黍子”，去皮后称“黄米”或“黏小米”；稻，是现代最重要的农作物，当今中国，仍有一半以上的人口以稻米为主食。“稻”字左旁“禾”表示农作物，源自长着一棵穗的禾苗形象。右旁“舀”，金文写作。上面（爫），为手的象形；下面（臼），表示用手在石臼中将稻谷去皮，只有去掉谷皮后的大米才能食用。据考古发现，距今7000多年前的浙江余姚河姆渡遗址，已有人工栽培稻遗物，说明我国主要粮食之一的水稻栽培历史之久远。

水稻化石

作者摄于广西壮族自治区博物馆，2013年12月。

作为中国人的传统食物，几千年来，谷类作物一直是老百姓餐桌上的主食。《论语·乡党》曰：“肉虽多，不使胜食气。”意思是说，尽管各种美味的肉类非常多，但是吃的时候不能让肉食总量超过主食的总量。孔子认为，按照周王朝贵族的生活习惯，主食（谷物）应占有最大比例。《黄帝内经·灵枢》："真气者，所受于天，与谷气并而充身者也。"强调谷物的营养是人们饮食中最为重要的营养。

据谯周《古史考》记载，黄帝时期人们已开始"蒸谷为饭，烹谷为粥"。由于米食在饮食中占有重要地位，汉民族历来都把有无米粮作为生存的首要条件来看待。汉代末年，洛阳有童谣唱道："虽有千黄金，无如我斗粟。斗粟自可饱，千金何所直。"因为米是人们的主食，古人无论在家或外出，都要先计算时日或里程以贮存足够的食粮。庄子《逍遥游》："适莽苍者，三餐而反，腹犹果然；适百里者，宿舂粮；适千里者，三月聚粮。"说的就是这意思。所以，汉字中一个"糧"（粮）字要从米、从日、从里。

中国封建社会的官吏俸禄，主要有粮食、实物和钱币等几种形式，各个朝代，俸禄的内容和形式不尽相同。一般说来，"俸"指钱币，"禄"指谷物。我们熟悉的典故"不为五斗米折腰"，就与陶渊明当年的俸禄有关。"五斗米"，是东晋一个县令的俸禄，后特指微薄的收入。《晋书·陶潜传》："（陶潜）为彭泽令，郡遣督邮至县，吏白应束带见之；潜叹曰：'吾不能为五斗米折腰，拳拳事乡里小人邪！'解印去县，乃赋《归去来兮辞》。"历史上陶渊明为人有骨气，不屑为得到微薄的俸禄而拜倒在权贵脚下，屈身事人，宁愿回老家去开荒种田。

古代谷类加工往往通过手工碾磨，除去杂质和糠皮。糠，从米，康声，本义就是从稻谷上脱下的皮、壳。由于糠是谷物的皮、壳，故一般用来喂猪、鸡等，人只有在断粮时才不得不食用。成语有"尘垢粃糠"，谷粃和米糠，比喻琐碎而没有用的东西。而当自然灾害发生时，民间就会有"糠菜半年粮"的俗语流行。一年之中有半年用糠和菜代替粮食，可见人的生活极其贫困。古人又常用“糟糠之妻”来形容一起过患难生活的妻子。《后汉书·宋弘传》：“臣闻贫贱之知不可忘，糟糠之妻不下堂。”糟糠，是用以充饥的酒糟糠皮等粗劣的食物；堂指正房。“糟糠之妻不下堂”，意为不要遗弃曾经共过患难的妻子。

灶前的女厨师（魏晋壁画）

引自张宇光《吃到公元前：中国饮食文化溯源》，中国国际广播出版社，2009年1月，第11页。

自黄帝“烹谷为粥”以来，粥便同中国人的日常生活结下不解之缘。明代张方贤有《煮粥》诗：“煮饭何如煮粥强，好同儿女细商量。一升可作二升用，两日堪为留人粮。有客只须添水火，无钱不必问羹汤。莫言淡薄少滋味，淡薄之中滋味长。”作者从勤俭持家的角度，把吃粥的好处写得淋漓尽致。在古代，人们普遍食粥的习俗主要是受生活水平的约束，但从今天科学饮食角度来看，粥是养生佳品，食粥有益健康。陆游有《食粥》诗：“世人个个学长年，不悟长年在目前。我得宛丘平易法，只将食粥致神仙。”《红楼梦》中的贾母每天要吃盅糜粥，用以保养身体。因此，即使今天生活改善，食品丰富，但不少人还是习惯干饭与粥搭配。

民间又有俗语云：巧妇难为无米之炊。这一俗语源自陆游的《老学庵笔记》：“晏景初尚书，请僧住院，僧辞以穷陋不可为。景初曰：‘高才固易耳。’僧曰：‘巧妇安能作无面汤饼乎？’景初曰：‘有面则拙妇亦办矣。’”“汤饼”，原是面片汤，后来人们将其演变成“巧妇难为无米之炊”。这一俗语既肯定了米的重要作用，又形象地说明了一个道理：当离开某种基本条件，任何事情都很难办成。

〖无“酒”不成宴〗

酒，是一种神奇的饮料，富有强烈的刺激性和巨大的诱惑力，这是其他任何饮料都不能替代的。酒能激发人的灵感，也能平添许多情趣和欢乐。常言道，酒逢知己千杯少。亲人团聚，好友重逢，酒确实不能少。当我们端起酒杯，似乎就多了一种慷慨与豁达，一份从容与潇洒。从某种角度而言，酒也是展示个人风采的一个重要窗口，喝了它，有时能让你的人性会表露无遗。因此，酒在人们生活中无处不在，高兴时喝，悲愁时喝，寂寞时也喝。

甲骨文里已经有了“酒”字，不过这一“酒”字不从水，而是写成“酉”，也就是说，“酉”是“酒”的本字。酉，甲骨文原写作，在一个大坛中间加一横，表示坛内有酒液；上面像一盖在酒坛上的盖子。造字本义是酿在坛里的酒。甲骨文亦有写作，像一小口尖底陶罐。当“酉”字引作他用后，甲骨文再加“水”另造“酒”字代替，写作或、、，均强调坛中饮料的液态性质——酒。金文又写成“酉”：、、。篆文承续甲骨文字形，作。古人酿酒必须有三样东西，即粮食、水和坛子，这从“酒”的最初字形可得到印证。

《释名》：“酒，酉也。釀之米麴，酉泽久而味美也。”《说文解字》：“酒，就也。从水从酉，酉亦声。”罗振玉《殷墟文字类编》：“《说文解字》酉与酒训略同，本为一字，故金文酒字皆作酉。”甲骨文“酉”和“酒”二字的区别，在于酒的左边多了三点水。作为部首，表示酒已装满酒坛并有溅出之意。因此，有人认为：“酉”是空坛或半空；“酒”则是满坛。

酉是“酒”的本字，故从酉的字多与酒有关。甲骨文中还出现了与酒有关的醴、尊、酋等字。其中酋长的“酋”，最早是表示陈酒。大篆“酋”字写作，仍像酒坛形。《说文》：“酋，绎酒也。从酉，水半见于上。”段注“绎酒”为“日久之酒”，即陈酒。《墨子·天志下》：“妇人以为春酋。”这里的“酋”即为酒。后“酋”字引作官衔用，还与酒有关。《吕氏春秋·仲冬》：“乃命大酋，秫稻必齐，曲蘖必时。”《说文》：“礼有大酋，掌酒官也”。

我国酿酒的历史，可以上溯到远古时期。《诗经》有“十月获稻，为此春酒”（《豳风·七月》）、“即醉以酒，即饱以德”（《大雅·即醉》）的描写；《史记·殷本纪》关于纣王“以酒为池，悬肉为林”、“为长夜之饮”的记载，都表明我国酒之兴起，起码有三千年以上的历史。在出土的新石器时代陶器制品中，有专用的酒器，说明当时酿酒已很成熟。而在殷商文物中，青铜酒器又占了很大的比重，反映当时饮酒的风气已经很盛。先秦典籍中，关于古代酒俗的记载更多。如“酒者可以养

老也”、“酒食者，所以令欢也”（《礼记·乐记》）、“酒以成礼”（《左传·庄公二十二年》）等，强调酒存在着多种用途，是生活中必不可少的。

关于酒的发明创造，古代曾有不同版本的传说。《战国策·魏策》载：“昔者帝女令仪狄作酒而美，进之禹，禹饮而甘之，遂疏仪狄，绝旨酒。曰：‘后世必有以酒亡其国者。’”民间传说夏代的杜康，是造酒业的鼻祖。有一次，他偶然把高粱米饭放在树洞中，时间久了，便发酵成酒。曹操《短歌行》有“何以解忧，惟有杜康”的名句，可见，汉末时杜康酒已是一种受人喜欢的名酒了。

实际上，人类最初酿酒，并非发明创造，而是发现。原始人过着采摘、渔猎的生活，采摘的野果要设法储存，在储存的过程中，由于野果糖分很高，无须经过液化和糖化，就能自然发酵，于是果酒也就问世了。受这种自然发酵成酒的启示，古人开始人工酿造谷物酒。江统《酒诰》称：“酒之所兴，肇自上皇……有饭不尽，委余空桑，郁积成味，久蓄气芳。本出于此，不由奇方。”意为煮熟了的谷物，放在野外，在一定自然条件下，就会自行发酵成酒。

《礼记·月令》对制酒原料、发酵、浸煮、水质、容器、火候等重要工艺环节提出很高要求：“秫稻必齐，曲蘖必时，湛炽必洁，水泉必香，陶器必良，火齐必得。”说明其酿酒方法已趋成熟。当时酿造的是低度的果酒和米酒，而烧酒等高度酒的酿造，则要到元代才出现。元代蒸馏技术的发明，促使酒的酿造有了跨越式进步。李时珍《本草纲目》曰：“烧酒非古法也，自元间始创其法。”为提高产量，元代还出现了专门的烧酒作坊。

从酒的发现到发明充满了神秘的色彩。最初，人们把酒作为祭祀天地、祖先和鬼神的祭品。《周礼》中，对祭祀用酒有明确的规定，祭祀时，用“五齐”、“三酒”共八种酒。酒作为美好的东西，首先要奉献给上天、神明和祖先享用。直到商、周，人们也是在重大祭祀活动结束后才可分享美酒。

酒器：兽面纹独柱爵
引自李建伟、牛端红编著《中国青铜器图录》（下册），中国商业出版社，2000 年 5 月，第 113 页。

古代饮酒的习俗也受儒家文化的影响，讲究“酒德”二字。酒德，最早见于《尚书·酒诰》，强调饮酒者要有德行，不能像纣王那样，“颠覆厥德，荒湛于酒”，而是“饮惟祀”，只有在祭祀时才能饮酒；“无彝酒”，不要经常饮酒，以节约粮食；“执群饮”，禁止民间聚众饮酒；“禁沉湎”，即禁止过度饮酒。可见，儒家并不一概反对饮酒，而是要有节制。另外，酒主要是用于祭祖敬神、养老奉宾。

受此影响，古代形成了一种饮酒的礼节。这种礼节虽很繁琐，但在重要的场合必须遵守，否则就有犯上作乱的嫌疑。譬如，主人和宾客一起饮酒时，要相互跪拜；晚辈在长辈面前饮酒，通常要先行跪拜礼，然后入座次席；长辈命饮酒，晚辈才可举杯；长辈酒杯中的酒尚未饮完，晚辈不能先饮尽。在酒宴上，主人向客人敬酒，客人要回敬主人。客人之间相互也可敬酒，但要依次而行。普通敬酒以三杯为度，敬酒时，敬酒的人和被敬的人都要避席起立，以示敬意。直到今天，这种酒礼，还在影响着我们的日常生活。只要注意观察就可发现，无论什么酒宴，其席位的排序，还是讲究尊卑有别的。

酒区别于其他饮料的一大因素，是它特有的文化色彩。酒不仅可以满足人们的口欲，还具备了许多其他的社会功能。比如古代的权力之争、军事谋略都少不了酒的味道。楚汉相争时“鸿门宴”的刀光剑影，宋太祖“杯酒释兵权”的无可奈何，后人都耳熟能详。尽管历史上有不少因纵酒而误国的事例，但酒在政治方面的特殊功能是不容忽视的。而在文学史上，许多诗人以酒酿诗，以诗唱酒又成了一种奇特的文化现象。所以有人认为，李白既是诗仙，也是酒仙。“李白的诗中充满了酒味。酒是他生命的源泉，酒是他诗的灵魂。”（臧克家《李白的人品与诗品》）

酒与民俗更是密不可分。诸如农事节庆、婚丧嫁娶、生日庆贺、奉迎宾客等活动，酒都扮演着主要角色。从古到今，无酒不成礼，无酒不成宴，离开了酒，许多民俗活动便无从依托。每年的重大节日，各地都有相应的饮酒活动，如除夕夜喝“年酒”，端午节饮“菖蒲酒”，重阳节品“菊花酒”等。中国人又有给老人祝寿的习俗，由儿女出面置办寿酒，邀请亲朋好友参加酒宴。有些地方举行家宴时，还要为死去的祖先留着上席，并置放酒菜，在示意让祖先享用后，一家人才能开始饮酒进食。民间置办喜酒即办婚事，喝喜酒，也就是参加婚礼。结婚新人在酒宴上要喝“交杯酒”，这是我国婚礼程序中的一个传统仪式，至今盛行不衰。成

太白醉酒图

引自《大中国上下五千年：中国礼仪文化》编委会编《大中国上下五千年：中国礼仪文化》，外文出版社，2010年11月，第215页。

婚第二天，新婚夫妇要回到娘家探望长辈，娘家还要置酒款待，俗称“回门酒”。婴儿满月时，要摆“满月酒”庆生；小孩满百日，还要办“百日酒”以示庆贺。

常言道：“花看半开，酒饮微醺。”酒席上，酒可助兴亦可败兴，所以饮酒要有个度，至于如何掌握这个度，这又是由每个人的酒德所决定的。

婚姻生育

〖丈“夫”的高度〗

1929年，年近半百的鲁迅做了父亲，他在品尝天伦之乐的同时，也领受了从未有过的烦恼。海婴小时候非常淘气，经常弄得书房一塌糊涂，使鲁迅疲于整理，但在儿子面前，他从不加以训斥。对此，一些朋友深为他的“溺爱”而诧异。于是，鲁迅写下《答客诮》诗：“无情未必真豪杰，怜子如何不丈夫？知否兴风狂啸者，回眸时看小於菟。”诗以老虎舐犊之情类比人的爱子之情，说明爱护幼子是天经地义的。这个素以“横眉冷对”著称的时代斗士，就这样“俯首甘为孺子牛”。

“怜子如何不丈夫”，体现了鲁迅深切的怜子柔情。此“丈夫”当然不是泛指妻子的配偶，而是特指生活中那些有大志，有豪情，又有气节的男子，也就是孟子所谓“富贵不能淫，贫贱不能移，威武不能屈”的大丈夫。

“夫”字甲骨文写作，造字本义是束发加冠的成年男子。其中

鲁迅

引自姚晓华《中国名人速读》，光明日报出版社，2010 年 1 月，第 254 页。

（大），像一张开双臂、双腿的顶天立地的成年人，在大的上部加一横"一"，许慎认为代表头上的发簪，即是簪的象形。"夫"字金文作夫，承续了甲骨文字形；篆文作夫，也是头插发簪正面而立的人形。徐灏《说文解字注笺》："男子已冠之偁也。"按古代礼制，男子 15 至 16 岁开始束发，标志着告别孩童时期；20 岁时加冠（将头发绾成髻，用簪子束在头顶上，然后再戴上帽子），叫做"冠"或"弱冠"，表示该男子已经成熟、长大，并可以婚配。《礼记·曲礼上》曰："二十曰弱冠。"古代的这一礼制规定，日久则成了古人的生活习俗。"夫"字的甲骨文和金文，都像发髻上横插一根簪子的正面人形，以表明其"成年男人"的本义，正好从一侧面反映了古代的这种礼俗。

在先秦，男子成年都要举行成人仪式——冠礼，女子则为笄礼。冠礼也称成丁礼，就是古人按照礼俗规定，给那些刚成年的男子举行特定授冠仪式。冠礼在宗庙进行，由父亲主持，并由指定的贵宾给行冠礼的青年男子加冠。以此为分界，行礼之前的男子是不能戴帽子的，也不能成婚，更不能从政，而行过冠礼的男子，则可以而且必须戴帽子。所以，“冠”是区分古代大人与小孩的重要标志，而甲骨文中的夫字，表示的就是举行过冠礼的成年男人。刘向《说苑·修文》曰：“冠者，所以别成人也……君子始冠，必祝成礼，加冠以厉其心。”后因以“加冠”指男子满二十岁。周时男子二十行冠礼，然天子诸侯为早日执掌国政，多有提早行礼。传说周文王十二岁而冠，成王则十五岁而冠。

《礼记·冠义》曰：“成人之者，将责成人礼焉也。责成人礼焉者，将责为人子、为人弟、为人臣、为人少者之礼行焉……故曰冠者礼之始也。”可见，冠礼就是以成人之礼来要求人的礼仪。所以，儒家将冠礼定位于“礼仪之始”。用今天的话来说，冠礼是华夏所有礼仪的“奠基工程”，只有经过这一“奠基工程”，才可以称得上是真正的人，也才能继承和发扬华夏礼仪文明。

古代男子要到成年后才开始戴冠

引自《大中国上下五千年：中国礼仪文化》编委会编《大中国上下五千年：中国礼仪文化》，外文出版社，2010年11月，第116页。

《说文解字》曰："夫，丈夫也。从大，一以象簪也。"意思是说"夫"字就像个大人，而"一"字像人头发上横插着的簪子，"大"和"一"合起来就成了个"夫"字。许慎从"夫"字的外形上作了解释，并没有说明"夫"字为何要从"大"、从"一"的原因。其实，甲骨文的"夫"字已生动展示了男子汉大丈夫的形象。"夫"是顶天立地的男子汉、大丈夫，也是家庭中最重要的家长和顶梁柱，所以，"夫"字要从"大"、从"一"，这就是"夫"字的本义。

俗语有"夫字天出头"之说，一般认为这是反映古代男尊女卑的现象，然也有人提出不同的看法。有认为"夫"字的造型，不只表示一般的成年男子，而是向人们展示男子中有志之士的风采。当"人"把两手伸展张开，就成了"大"字，即表示"大人"；但是，再大的事物也大不过天，如果在"大"字上再加一横，又成为"天"字；而人中英杰总是不甘一味拜倒在老天爷脚下的，他们具有常人所没有的气概，所以"天"字出头，便成了大丈夫的"夫"字。

古汉语"丈夫"一词，原是称成年的男子。《谷梁传·文公十二年》："良人二十而冠，冠而列丈夫。"按《说文》"夫"字下释"丈夫"，谓："周制以八寸为尺，十尺为丈。人长八尺，故曰丈夫。"我们不要以为古人比现代人身材高，这是因为周制 1 尺约相当于今天的 0.6 尺，古代的男子，即使个子最高的也不过 2 米。《周礼·乡大夫》记载：当时征兵制度规定，都城男子七尺以上，乡村男子六尺以上，都应服役，即在征兵的范围之内。由此看来，当时成年男子的身高与现在是不能相比的。依照周代度量标准，孩童一般以五尺来算，故有"五尺童子"之说；成年男子向往身高一丈，故有"丈夫"之称。

在日常生活中，我们还经常听到这样一句话："量小非君子，无毒不丈夫”。从其具体语境而言，所谓“无毒不丈夫”，多用于恶人做恶事时的自我标榜或自我安慰。其实，这是以讹传讹而来，并非原句本意。我们知道，古汉语有一种修辞手法叫“互文”，其特点是上下句互相衬托、补充。按互文惯例，“量小非君子，无毒不丈夫”，上下句文义应相同或相近，而不可能是意思相反的两句。其中“量”是指气度、胸怀，而“毒”所指为何，就难免令人费解。

要了解“无毒不丈夫”的本义，关键在一“毒”字。《说文》曰：“毒，厚也。害人之艸，往往而生。”徐灏注笺：“毒之本义为毒艸，因与笃同声通用而训为厚耳。”“毒”的本义是指害人之草，其引申义为厚，也指厚重。这种本义与引申义相反的现象在古书校读中叫做“反训”。如“乱”字有扰乱和治理两义，以“治”释“乱”，就是反训。由此可以明了，“量小”与“无毒”本是对应的关系，“无毒”即不厚重矣，而厚重正是大丈夫所具有的本质。一说这谚语本为“量小非君子，无度不丈夫”，因为下句“度”为仄声字，与上句“小”相同，上下平仄不对，后人读为平声，才变成“无毒不丈夫”了。

古代男子成年后，就要从事各种体力劳动，其中主要与农业生产有关，故“男”字从田、从力，言男子用力于田也。《左传·隐公元年》：“为国家者，见恶如农夫之务去草焉。”其“农夫”就是专指从事农业生产的男子。另外还如“渔夫”、“马夫”、“车夫”等。古代社会男主外、女主内，故有外子、内子之称。除了种田，还有打仗、劳役、做生意等，都是男人需做的事。一个男人，他在家是父母的儿子，结婚就成了妻子的丈夫，生了儿女就成了孩子的父亲了。

人们谈到夫妇时，“夫”被称为“丈夫”，“妇”则被称为“妻子”。若要追本溯源，这两种通常叫法或与古代抢婚习俗相关。原来，古代女子为了自身安全，在选择夫婿时，首先要看这个男子是否魁梧。商代一尺合今 16.95 cm，按这一尺度，人高一丈左右（合今约 1.7 米），才有“丈夫”之称。有了这样一个身高够格的夫婿，才可以抵御强人的抢掠。由此，女子习称她所嫁的男人为“丈夫”。“丈夫”，这两个字确实很高大，也很沉重。丈夫，原是责任的承载，家庭的栋梁，女人的依靠。

〖“妻”子的角色〗

女人一旦嫁了人，就有了一个“妻子”的称谓，多了一份相应的角色。

在中国传统家庭中，妻子扮演的可不是单一的角色，而是一个多重角色。相对丈夫，她是妻子；相对儿女，她是母亲；而相对于父母、公婆，她又是女儿或儿媳。平时，她要出得厅堂，入得厨房；上要孝敬老人，下要抚养子女。在夫妻生活中，妻子又要尽量扮演好自己的角色，善于调动男人的积极性和责任心。只有让男人能找到这种感觉的女人，才是聪明、贤惠的妻子。

妻子，是男人的配偶。《说文解字》释“妻”：“妻，妇与夫齐者也。从女、从屮、从又。又，持事妻职也。”意思是说，女人是天生要干活的，在家操持家务是妻子的职责。但“妻”在古代并不是男子配偶的通称，《礼记·曲礼下》曰：“天子之妃曰后，诸侯曰夫人，大夫曰孺人，

昭君出塞
引自张朝胜、周乾《中华五千年（上册）》，黄山书社，2006 年 8 月，第 259 页。

庶人曰妻。”原来，最早的“妻”只是平民百姓的配偶，是没有身份和地位的。后来，“妻”才成为所有男人配偶的通称。

“妻”字在甲骨文写作，其字形由（每）和（又）构成。其中（每），像一个敛手腹前跪坐于地的女子，头上插着花草锦羽一类的装饰；（又），表示用手抓取。“妻”的造字本义与古代婚俗相关：一说反映了上古社会掠夺婚的风俗；一说是反映古代女子“十五而笄”的风俗。金文有作，与甲骨文字形相近；有作，字形略有变化，在原来女字中间加两点表示乳房，即女字变成母字，仍是代表女性，而那只抓取头发的手似已淡化。篆文写作，将甲骨文的（每）与抓取的（又）交叉合写，手的形状还是非常明显的。隶书写作，将篆文字形中女子的头发形状加以简化，而手的形状在隶化过程中已消失了。

现在需要考察的是，为什么“妻”字要与人的头发和手紧密相连呢？

从“妻”的字形来看，它除了反映古老的抢婚习俗外，或还与古代女子的成年礼俗有所关联。

徐中舒编《甲骨文字典》说：“上古有掠夺妇女以为配偶之俗，是为掠夺婚姻。甲骨文妻字即此掠夺婚姻之反映。”抢婚习俗曾在原始社会长期风行，即某一部落的男子可以到另一部落中去抢掠女子为妻，或者在战争中把俘虏的女子占为妻妾。这种古老习俗在后代虽已消失，但强抢民女为妻的野蛮现象仍时有发生。在上古，“妻”既然是指抢来的老婆，其社会地位之低下是不言而喻的。在现今一些地方的迎亲仪式中，规定须由新郎抱新娘下车，有的甚至一直抱到新房。为何要这样？因为当初被抢新娘的双脚是被绑的，以防逃跑。所以，有学者认为，这正是古代掠夺婚的遗俗。

对甲骨文“妻”的字义解读，也有人这样认为，像女人总头发之形，是一只手正在束发，这是每天早晨家庭主妇必须的晨妆。盖手总女发，即“妻”之初义。总发者，使束发成髻施笄也。由此而言，这个“妻”应是一新嫁娘，每天需要梳妆打扮，右下的女字中间没有两点，说明这个女人是初为人妇，还没有经过哺乳期，所以没有两点。一个女子被称为 “妻”，拥有“妻”的身份，它需要相应的仪式。古文字“妻”的构形，或是利用这个重要的仪式，来说明这个字的特殊含义。

与古代男子成年要行冠礼一样，女子头发施笄也是成年的象征。笄是古人盘头发所用的簪子，古代女子十五岁时所举行的加笄仪式称笄礼。仪式大体与冠礼相同，但相对较为简单，主持者是女性家长，负责加笄的是女宾。行笄礼时，要改变受礼女子发式，把原来的垂发绾成一个髻，用布把发髻包住，然后用笄固定发髻。女子行笄礼后被视为成人，可以嫁为人妻了。《礼记·内则》曰：“女子……十有五年而笄。”古称“笄年”，即指女孩十五岁，已到了结婚的年龄。白居易《对酒示行简》："复有双幼妹，笄年未结缡。"结缡就是结婚。

古时男女的婚龄较现在要早得多，孔子虽然赞成三十之男、二十之女成婚，但在实际的风俗中，男女在行成年礼之后不久大多成婚。《国语·越语》："女子十七不嫁，其父母有罪。"可见早婚现象极为平常。《仪礼·士昏礼》："女子许嫁，笄而礼之，称字。"字，即女子许嫁生子。古代女子到了十五岁左右就举行笄礼，加笄仪式后的女子是成年女子，即可为人之妻。甲骨文"妻"的字形正保存了这一古老习俗的意义。

古代女子的笄礼

引自《大中国上下五千年：中国礼仪文化》编委会编《大中国上下五千年：中国礼仪文化》，外文出版社，2010年11月，第119页。

头发在古代一直是一个大问题，似乎比现在要重要得多。《孝经》有云："身体发肤，受之父母，不敢毁伤，孝之始也。"古代男女"加冠"和"及笄"，都与头发有关，而男女婚姻大事亦与头发分不开。成婚之夕，男左女右共髻束发，故称"结发"，只有结发夫妻才是正宗的原配夫妻。汉时苏武出使匈奴，临行时赋诗与妻子道别："结发为夫

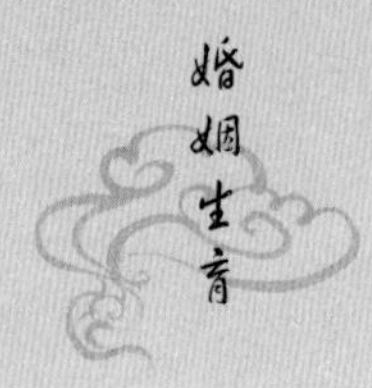

妻、恩爱两不移。生当复来归，死当长相思。”曹植《种葛篇》：“与君初婚时，结发恩义重。”杜甫《新婚别》：“结发为君妻，席不暖君床。”这些诗句，不光在写夫妻的情谊，也反映了古代“结发”的婚仪习俗。

《仪礼·士昏礼》记载：“主人入室，亲脱妇之缨。”“缨”，是一种丝绳，古代女子许配人家以后，便用它来束发，以此表示她有了婆家。直到成婚时，那条丝绳才由新郎亲手从她的头发上解下。相传汉代葬仪有个风俗，如果结发之妻不幸早夭，丈夫会把结婚时用的梳子掰为两半，自己留下一半，把另外一半随棺入葬，以表示今生今世不忘原来的结发之妻。凡此种种，都与头发相关。

《说文》把“妻”字训为“妇与夫齐者也。”孔颖达疏：“妻之为齐，齐于夫也，虽天子之尊，其妻亦与夫敌也。”说明妻与夫地位应该等齐相同，不受其他因素的限制。后人多沿用《说文》的这一说法，误认为该字所体现的当是夫妻之间一种平等的关系。这里，许慎采用的是声训法，而事实上，小篆中的形声字在甲骨文时代往往是会意字。“妻”和“齐”之间，是因为它们的发音相似，而不是意义的相通。旧时男子对别人称自己妻子为“拙荆”、“贱内”，明显带有男尊女卑的封建色彩，而一个男子可以妻妾成群，更反映了夫妻关系在事实上的不平等。

我们知道，封建社会占主导地位的婚姻形式，名为“一夫一妻”，实乃“一夫一妻多妾”。妻和妾都是古代男子的配偶，但妻的地位高于妾，因为妻是正式的，妾是非正式的。“妻”是男子明媒正娶的配偶，必须经过“父母之命、媒妁之言”，而妾则是花钱买来的，故夫家与妾家也不算什么“亲家”。夫与妾在名分上不能算是真正夫妻，乃是一种有夫妻之实而无夫妻之名的关系。所以，男子结婚叫“娶妻”，而讨妾不能叫

“娶”，只能叫“纳”，也就是“收容”的意思。古代一个男人可以有多个女子，但不允许有两个以上的妻子，在他所有的女子中，仅一人为妻，其他皆为妾。可见，“妻”这一名称，除了表达男女配偶之间的对应关系外，还被加上了封建婚姻文化的烙印。

一个“妻”字，规定了妻子相应的角色。对此，无论从哪个角度去解读，都可发现一些古老婚俗的影子。

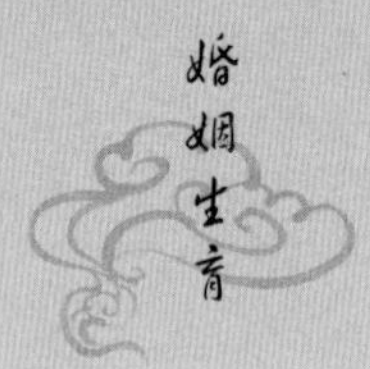

〖黄昏的“婚”礼〗

“男大当婚，女大当嫁”，这是我国民间长期流传的一句谚语。男女婚姻本是人生的一件大事，也被称为终身大事。婚姻是否和谐稳固，不仅关系到夫妻的生活幸福，还关系到对双方父母的孝养及子女的培育。自古以来，男人也好，女人也罢，选择了什么样的伴侣，就等于选择了什么样的人生。难怪有人说，一个人一生的幸福指数，很大程度上，就取决于他（她）的那段婚姻。

在中国传统观念中，婚姻乃伦常之本，具有非常神圣的意义。《易·系辞》曰：“天地氤氲，万物化醇，男女媾精，万物化生。”《易·序卦》曰：“有天地，然后有夫妇；有夫妇，然后有父子；有父子，然后有君臣；有君臣，然后有上下；有上下，然后有所措。”古代把君臣、父子、夫妇、兄弟、朋友称为五伦，而男女婚姻，则是承天地阴阳之性配合而成的人伦之首。

《礼记》有一篇《昏义》，专门记载婚礼的行仪，还论述了婚姻对男女双方及整个家族的重大意义。其开篇曰："昏礼者，将行二姓之好，上以事宗庙，而下以继后世也，故君子重之。"又曰："昏礼者，礼之本也。"可见，古人对婚礼仪式也是非常慎重的。

"婚"字本作"昏"，"女"字旁后出，"昏"与"婚"是一对古今字。"婚"字在早期金文写作，其字形像一把伞下面有一个人在号哭。其中右下（耳），表示"取"，即嫁娶；左下（手），表示牵手出门。造字本义是女子出嫁时因不舍离家而哭泣。晚期金文写作，进一步明确了婚嫁的时间概念。左旁（昏），昏字甲骨文写作，比喻太阳（日）已接近地平线将要消失，即黄昏；右旁（女），表示女子出嫁。，即是在傍晚时举行婚嫁仪式。篆文承续晚期金文字形，但在结构上左右互换，写作。隶书将篆文的简化成，写为。

女子婚前准备

引自李鹏主编《话说中国礼仪（第二册）》，天津古籍出版社，2007年7月，第570页。

《说文解字》曰："婚，妇家也。礼，娶妇以昏时。妇人阴也，故曰婚。从女，从昏，昏亦声。"段玉裁注："礼，谓礼经也。"《礼经》即后来的《仪礼》。按许慎解说，"婚"从女从昏，是个会意字；而"昏"

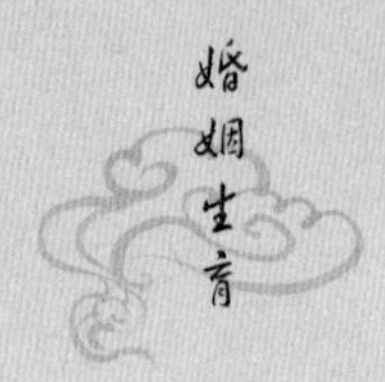

兼作声旁，故又是形声字。“昏”既是义符，必定与“婚”的意义有关联，那么，娶妇为何要从“昏”呢？许慎主要强调了两个理由，先引《仪礼》曰：“娶妇以昏时，”后又以阴阳之说解释：“妇人，阴也，故曰婚。”这里，引起我们关注的是，古代为何“娶妇以昏时”？

自从有了人类，就有了婚姻。作为人类社会制度的重要组成部分，婚姻制度也是随着社会经济的发展而不断变化完善的。一定的婚姻形式是一定的经济基础的产物，是一定的社会制度和观念的具体表现。不同时期的婚姻，都有其不同的性质和特点。古人成婚为何“娶妇以昏时”？这应与上古曾流行过的“掠夺婚”相关，是古老的掠夺婚的遗存或变异。

掠夺婚俗称抢婚，是在母系社会逐渐为父系社会所替代后，原始氏族成员由原来男从女居变为女从男居，女性已不再是氏族的主人，而成了男人们掠夺的对象。掠夺婚源于原始社会的战争，在那些被打败了的部族，所有女子都成为胜利者的奴隶和仆妾。这是古代氏族部落外婚制时期，用战争手段俘获妇女的一种强制性婚姻形式，后来在一些民族中还不同程度地存在。

《礼记·曾子问》载：“嫁女之家三夜不息烛，思相离也；娶妇之家三日不举乐，思嗣亲也。”男婚女嫁本是喜事，为什么要这样偷偷摸摸地进行呢？“三夜不息烛”，“三日不举乐”，除了有思念亲情因素外，或是怕女子被抢走，因而还需保持低调，只能悄悄地进行。这可能就是古代掠夺婚在后来婚仪形式上的反映。对此，当代史学家张舜徽在《说文解字约注》中这样解说：“古娶妇必以昏时者，当缘上世有劫掠妇女之风，必乘夜深人定时取之，以避寇犯也。”

掠夺婚在一些汉字中多有表现。如“奴”字，金文写作。（女），指妇女；（又），表示用手捕捉。其造字本义，就是指俘获或抢劫女子并加以役使。又如“妻”字，甲骨文作[illegible]，似一蓬头散发的女子，也就是抢后准备作新娘的。后来形成凄凉、凄怆、凄惨、凄惶等表示悲哀的词，都有这个“妻”作形旁，可见被抢之“妻”内心是多么痛苦。“娶”字甲骨文作[illegible]，有强行“取女”之意，即抢到女人就是“娶”。“婚”是“娶妇以昏时”，抢掠的最佳时机，当然是临近月黑风高的夜晚了。

古籍中也有保留这方面的痕迹。如《诗经·豳风·七月》：“女心伤悲，殆及公子同归”；《礼记·郊特牲》所云“婚礼不贺”；《易经》中《屯卦》、《贲卦》及《睽卦》屡见“匪寇，婚媾”之言，都是掠夺婚的隐约表示。所以梁启超说：“夫寇与婚媾，截然二事，何至相混？得无古代婚媾所取之手段，与寇无大异耶？”（《中国文化史》）掠夺婚是原始社会存在过的一种不文明的求妻方式，用这种方式形成的婚姻是很不稳固的，夫妻之间当然也不会有幸福可言。《诗经·小雅·我行其野》写一弃妇哀叹：“昏姻之故，言就尔居……昏姻之故，言就尔宿。”即在骂男方当初强抢，她不能不来，实非她自愿而来。

随着社会文明的发展，掠夺婚逐渐失去了它存在的意义，仅作为一种婚俗而流传下来，形式上也由原来的真抢变为象征性的假抢。所谓“掠夺婚”，已成了假掠真婚，在举行婚娶仪式之前，男女双方实际上已有某种默契，而不是男子把自己的意志强加给女方。与过去的真抢相比，这种假抢明显带有喜剧的色彩。不光汉族，过去一些少数民族也有这种风俗。如瑶族娶亲多在夜晚，男方结伙高举火把冲向女方家，抢到新娘即回撤；半路上，女方人马又冲杀过来回抢，直到最后新娘新郎偷偷溜出队伍，才结束“战斗”。

婚姻，古作“昏因”。《礼记·昏义》孔颖达疏：“男以昏时迎女，故曰婚；女因男而来，故曰姻。”在我国古代的婚礼中，男方通常是在黄

昏时到女家迎亲，而女方是需要男方迎娶才能出门，这种“男以昏时迎女，女因男而来”的习俗，就是“昏因”一词的起源。换句话说，婚姻就是指男娶女嫁的过程。

迎亲图

引自沐言非《诗经三百首鉴赏大全集》，中国华侨出版社，2012年7月，目录页。

古代婚礼是人生的“四大礼仪”（诞生礼、成年礼、结婚礼、丧葬礼）之一，历来受到人们的重视。《诗·郑风·丰》郑玄注：“婚姻之道，谓嫁娶之礼。”《礼记·昏义》孔颖达疏：“……论其男女之身谓之嫁娶，指其好合之际，谓之婚姻，其事是一，故云婚姻之道，谓嫁娶之礼也。”也就是说，在古人看来，婚礼乃是男女确立夫妻关系时举行的被社会认可的仪式。在过去，婚礼以昏为期，男方必须于黄昏时前往女方家迎娶，女方才嫁入男方家。历代都很重视这种婚娶仪式，除去这种仪式，则非通常意义的婚姻。

许慎引用《仪礼》规定“娶妇以昏时”，说明古代周人迎亲即是在傍晚进行。或许古人还认为黄昏是婚礼吉时，故在黄昏行娶妻之礼，而把夫妻结合的礼仪称为“昏礼”。《白虎通义·嫁娶篇》云：“婚姻者，何谓也？昏时行礼，故谓之婚也。”可见，“婚”字从昏是与“昏时行礼”有关。后世结婚沿用了这一习俗，都在夜间迎娶。男方于黄昏时迎娶女方，女子应男方迎娶而出嫁，并随而确定夫妻双方与各自亲属的关系。

从唐代起，民间娶妇迎亲的时间发生了变化。据段成式《酉阳杂俎》记载：“礼，婚礼必用昏，以其阳往而阴来也。今行礼于晓。”由此可知，白天迎娶新娘的习俗是从唐代才开始流行的，此后一直相沿至今。

〖千里“姻”缘一线牵〗

杭州西湖孤山脚下有一白云庵，庵中有一月老殿，上书一副对联：“愿天下有情人，都成了眷属；是前生注定事，莫错过姻缘。”这一对联充分表达了中国人传统的婚姻观念。

受儒家“天命观”和佛家“因缘论”影响，古人以为人的姻缘都是由上天决定的，俗语有所谓“五百年前结成因”之说。这种具有世俗性的婚姻观，其出发点虽是美好的，但难免会染上浓厚的封建色彩。出于这种观念，人们又把婚姻美满称为“天作之合”，传说是冥冥之中有一月下老人以赤绳系足而成。旧时，一些为追求美好婚姻的痴情男女，还采用各种方式，祈求月老为他们拴上红线。可惜这位老人家常常乱点鸳鸯谱，使有情人难成眷属。至今，我国一些地区仍称媒人为“月老”，而由这一传说引发的拴红线、牵红绳、挽红布等习俗，在传统婚礼中则是不可缺少的环节。

“姻”字甲骨文无见，金文写作。左旁（因），既是声旁也含意义，表示凭借、依靠；右旁（女），是一屈膝行礼的女子。“女”有所“因”，即嫁给可依靠的夫家。在古代封建社会，女子嫁人可谓是寻找终身依靠的机会，这在“姻”的造字本义上有所体现。大篆写作（婣），结构上调整了金文的左右顺序，又把改为，有渊源之意，亦强调依靠。小篆作，隶书写为。《说文解字》曰：“姻，壻家也。女之所因，故曰姻。从女，从因，因亦声。”《白虎通义·嫁娶篇》曰：“妇人因夫而成，故曰姻。”

在古汉语中，婚、姻二字也有连用。如《左传·成公十三年》：“寡君不敢顾昏姻”；《古诗为焦仲卿妻作》：“登即相许和，便许为婚姻。”有时，“姻”在意义上不加区别，都可表示男女嫁娶。如《诗·小雅·我行其野》：“不思旧姻，求尔新特”；又《世说新语·贤媛》：“若连姻贵族，将来或大益。”

按《说文》之解，“姻”字原指的是夫婿家，“女之所因”，即谓夫婿家是女子的依靠，所以用“女”和“因”做形旁。在古代社会，婚姻对女性而言，当比男性更为重要。过去民间有这样的说法，婚姻是女人的第二次投胎。作为终身大事，每个女人都希望自己拥有好的姻缘，找个好的婆家。所以，许慎此说较为符合“姻”字原意。它不光反映出古代妇女对夫家的依赖性，同时也折射了古人的婚姻观：在婚姻问题上，女子是没有独立人格的，只有依靠男子，才能改变命运。

婚姻，是结合两姓的姻缘，上以事奉宗庙，下以延续后代。作为终身大事，人们都希望自己拥有美好的婚姻，所以作为婚姻的礼仪，就特别为古人所重视。古代的婚姻礼仪主要分为“成妻之礼”和“成妇之礼”。“成妻之礼”就是通常所说的“六礼”，包括纳采、问名、纳吉、纳征、请期和亲迎。“六礼”的程序完成后，夫妻就可以同居了。之后，还要举行“成妇之礼”，行过“成妇之礼”，才表示新娘已正式加入男方家族。

行“成妇之礼”，主要是拜见公婆，拜谒祖庙等。新娘拜见公婆的仪式是在婚礼次日早晨进行，行庙见之礼是在婚后三个月进行，到了魏晋南北朝时改为三日后进行。后来，这样的婚俗又有相应变化，如南宋时期，新娘在进入男方的家门后，就要参拜天地、祖宗、公婆，然后夫妻对拜等。在此基础上，逐渐形成了后来一拜天地祖宗，二拜双方父母，三是新人对拜的婚俗。

传统婚礼中拜堂

引自《大中国上下五千年：中国礼仪文化》编委会编《大中国上下五千年：中国礼仪文化》，外文出版社，2010年11月，第140页。

男女结成婚姻，看似个人之事，实则联系着夫妻双方的各自家族，由婚姻关系而结成的亲属，古代称为姻亲或姻亚（娅）。《左传·襄公二十五年》：“今陈忘周之大德，蔑我大惠，弃我姻亲。”杜甫《送高司直寻封阆州》：“与子姻娅间，既亲亦有故。”古人又把亲戚故旧常称为姻故。《新唐书·李绛传》：“崔祐甫为宰相，不半岁，除吏八百人。德宗曰：‘多公姻故，何耶？’”

婚姻对于特定的个体而言，都是终身大事，但在封建社会，这样的大事并非由当事人能作主，而是由“父母之命，媒妁之言”所包办。何谓媒妁？《说文》曰：“媒，谋也，谋合二姓者也”；“妁，酌也，斟酌二姓者也”。由于受封建礼教束缚，青年男女在婚前不能交往，正是凭着媒人在两家之间沟通联系，才促成婚事。《诗经·卫风·氓》有“匪我愆期，子无良媒”之言；《战国策·齐策》也说：“处女无媒，老且不嫁。”由此可见，媒人说媒在先秦就已是婚姻的必备条件了。俗云：“天上无云不下雨，地下无媒不成亲。”古代婚姻讲究明媒正娶，若结婚不经媒人从中牵线，就会于礼不合。《孟子·滕文公下》曰：“不待父母之命、媒妁之言，钻穴隙相窥，逾墙相从，则父母、国人皆贱之。”

在不同的时代和地区，媒人有着多种不同的称法。《诗经·豳风·伐柯》云：“伐柯如何？匪斧不克。取妻如何？匪媒不得。”意为娶妻必须依靠媒人，就像砍树非有斧子不可。后来，人们便称媒人为“伐柯”或“伐柯人”。《晋书·索紞》中有一则故事，孝廉令狐策有一天梦见自己站在冰上，和冰下人说话。后来索紞为他圆梦说，冰上为阳，冰下为阴，此主阴阳之事。你在冰上和冰下人说话，是以阳语阴，主为人说媒，因而你当为人做媒，等冰河开了，婚姻也就成了。索紞为人解梦，把《诗经·邶风·匏有苦叶》中“士如归妻，迨冰未泮”的典故与阴阳观念联系起来，断定“在冰上与冰下人语”就是男方向女方求婚。后因称媒人为“冰人”。媒人被称为“红娘”，则出自唐人元稹所撰传奇小说《莺莺传》。小说塑造了一个婢女红娘的形象，经她的巧妙周旋，才促成了张生与莺莺小姐的婚事。元代王实甫根据这一传奇写成杂剧《西厢记》，其中红娘的形象更加伶俐可爱，人们便以“红娘”代称媒人。

又据唐人笔记小说《续玄怪录》记载，书生韦固夜经宋城，遇一老人倚布囊而坐，“向月检书”，就问检阅何书。答曰：“天下之婚牍。”又问囊

五彩西厢记人物图大碗（一对）
引自谢天宇主编《中国瓷器收藏与鉴赏全书》（上卷），天津古籍出版社，2004 年 7 月，第 111 页。

中赤绳何用。答曰："以系夫妻之足，虽仇家异域，此绳一系，终不可避。"这位老人原是主管人间婚姻之神，故后人又以"月老"、"月下老"、"月下老人"作为媒人的别称。《红楼梦》第五十七回中，薛姨妈对黛玉、宝钗说："自古道，千里姻缘一线牵。管姻缘的有位月下老儿，预先注定暗里只用一根红丝，把这两个人的脚绊住，凭你两家那怕隔着海呢，若有因缘的，终究有机会作成了夫妇。若是月下老人不用红线拴的，再不能到一处。"

与"伐柯人"、"冰人"、"红娘"相比，"月下老人"的形象似更有一种亲近感，这是一个地地道道的中国式的婚姻之神。虽然它在本质上仍体现了"父母之命，媒妁之言"的婚姻特征，但我们不能据此认为传统婚姻就全然漠视人的情感。当一对男女被月下老人系定成婚时，后面还有合卺、合髻、系同心结等婚礼习俗进行情感的补充。所谓"合卺"，即新婚夫妇饮食共器，如喝交杯酒等，以示亲密无间。所谓"合髻"，又称结发，就是把新郎新娘的头发各剪下一绺结在一起，以此象征合二为一的意思。结发夫妻也就是指原配夫妻，纳妾与续弦等都不能得到这一尊称。婚礼上，新郎新娘还各执一头用红缎绾成的"同心结"，以显示从此永远同心相爱。

长期以来，月老在中国人的心目中成了促成婚姻喜事的美好形象，所以，直至今日，人们还喜欢习称婚姻介绍人为月下老。

〖“聘”礼的由来〗

中国人结婚，除了举行隆重的婚礼外，按照传统礼仪，男方在婚约初步达成时，还需向女方赠送聘金、聘礼，以表婚姻缔结的诚意。这一古老的习俗，至今还在许多地方沿用。那么，结婚为什么要送聘礼？聘礼的由来及传统又是怎样的呢？

“聘”字金文写作。（耳），探问消息要用耳朵，故从“耳”，表示以耳相听；（甹），用以记录读音。造字本义为访问他人时以耳相听。篆文承续金文字形，写作，已与后来楷书聘写法相近。《说文解字》曰：“聘，访也。从耳，甹声”。徐铉注：“聘，访问之以耳也。”上古“访”字只有询问之意，还没有拜访之义。

金文中，有用为“问”。如《逆钟》所言：“用聘于公室仆、庸、臣、妾、小子世家，毋有不闻知。”即谓问询于公室仆、庸之类，使勿有不闻知之事也。在古籍中，“聘”多训为“问”。如《诗·小雅·采薇》：“我戍未定，靡使归聘。”毛传：“聘，问也。”《周礼·占梦》：“季冬聘王梦。”注：“聘，问也。”《礼记·曲礼》：“诸侯使大夫问于诸侯曰聘。”古人所谓“访”或“问”，乃问其事而听其答，而听其答则是主要的。探问消息要靠耳朵，所以“聘”字金文、小篆皆从耳，取义相同。

《诗·小雅·采薇》
引自沐言非《诗经三百首鉴赏大全集》，中国华侨出版社，2012年7月，第115页。

古代诸侯亲自或派使者按时朝见天子曰“朝聘”，如：《礼记·王制》：“诸侯之于天子也，比年一小聘，三年一大聘，五年一朝。”郑玄注：“比年，每岁也。小聘，使大夫；大聘，使卿；朝，则君自行。然此大聘与朝，晋文霸时所制也。”无论诸侯朝见天子还是诸侯间相互聘问，都需备礼物以慰问，此为聘礼。诸侯聘礼与朝礼一般，必有贡献，大致用玉帛之类。《国语·周语中》：“遂假道於陈，以聘于楚。”韦昭注：“是时，天子微弱，故以诸侯相聘之礼假道也。聘礼，若过国至于境，使次介假道，束帛将命于庙也。”古代诸侯之间遣使互相通问也叫聘，小规模的聘叫问，通称聘问。《仪礼·聘礼》：“大问曰聘，小聘曰问。又昏礼娶问亦曰聘。”由此可知，“聘问”亦指当时民间男方向女方行聘定婚。

民间男方向女方行聘定婚，这一婚俗最早可追溯到原始部落时期。谯周《古史考》云：“伏羲制嫁娶，以俪皮为礼。”俪皮就是两张鹿皮，送俪皮表示希望成双成对。上古多以鸟兽为礼，《诗·召南·野有死麕》云：“野有死麕，白茅包之。有女怀春，吉士诱之。”写的就是男方用野鹿向女孩子求婚的事。另还有执雁为礼的，被称作“委禽”。崔驷《婚礼文》记载：“委禽奠雁，配以鹿皮”。雁鸟不但羽毛美丽，而且是一种不离伙伴的候鸟，因而是爱情坚贞的象征，用它来作为求婚的礼品非常合适。后来，聘礼演变成了民间订婚之礼，亦指订婚时所准备的财礼，俗称彩礼。

周代是我国礼仪集大成的时代，彼时逐渐形成了一套完整的婚姻礼仪，整套仪式合为“六礼”，这在《仪礼》中有详细记载。西周时确立并为历朝所沿袭的“六礼”婚姻制度，是聘礼习俗的重要来源。所谓“六礼”，即纳采、问名、纳吉、纳征、请期、亲迎。 其中“纳征”，是男家将聘礼送往女家，又称纳币、大聘、过大礼等。按照规定，男女双方达成婚约之后，必定要由男方向女方下聘礼。后来，纳聘的礼仪日益规范和完善，结婚送财礼，也成了缔结婚姻的重要一环。尽管爱情不能以金钱财帛来衡量，但聘礼这一婚俗却一直得以传承下来。

战国以后，随着商品经济发展，男方娶亲，就要交付相当数量的钱财作聘礼了。由于聘礼是古代男方娶妻的财物，所以也叫聘财。《礼记·内则》曰：“聘则为妻，奔则为妾。”封建社会，一旦女方接受了聘礼，她就属于男方了，不得悔改，不然就触犯法律。这种已聘而未婚之妻，古称“聘妻”，如她在接受聘礼之后突然死亡，虽未与男方正式结婚，也算作男方家

里人，遗体要埋在男方家族墓地之中。可见古代聘礼是非同一般的事情。

聘礼多少为宜，这要看家庭的社会地位和经济状况而定。男方家庭社会地位高，经济状况好，聘礼自然丰厚。古代最高的聘金当然要算娶皇后了，西汉礼制规定需黄金两万斤。直到清末光绪皇帝娶皇后，还动用了黄金四千多两，白银四百八十万两。如此婚姻也可谓是一宗大买卖了。古代官宦、富家子弟下聘礼亦讲究排场。吴自牧《梦粱录·嫁娶》载："次后择日则送聘……且论聘礼，富家当备三金送之，则金钏、金镯、金帔坠是也。更言士宦，亦送销金大袖黄罗，销金裙缎，红长裙缎，珠翠特髻，珠翠团冠，四时冠花，珠翠排环等首饰，及上细杂色彩缎匹帛，加以花茶果物团圆饼羊酒等物，又送官会银铤，谓之下财礼。"明清时期，打制金银首饰已很普遍，手镯、耳环、耳坠、戒指极为流行。普通百姓之家，置办不起成套饰物作聘礼，至少也要准备一两件银饰。

近代民间，聘礼也多有花费钱财。胡朴安《中华全国风俗志》卷四《浙江杭州嫁娶风俗》："至日方行送聘礼，富贵之家，常备三金送之，则金钏金镯金帔是也。若铺席宅舍，或无金器，以银镀代之。否则贫富不同，亦从其便，此无定法耳。"

封建社会，婚姻讲究门当户对，聘礼和嫁妆是其中的一个重要方面。俗话说：穷对穷，富对富。男女双方社会地位和经济实力相当，聘礼和嫁妆都好确定。女方家庭社会地位和经济状况优越，所得聘礼自然丰厚，嫁妆也不会微薄。从整个社会情况来看，聘礼的厚薄，还与社会发展水平相适应。大多数人家，在送聘礼和收聘礼时，看重的还是礼仪本身，不会过多计较财礼的物质价值。特别原本乡土社会，民风淳朴，因彩礼而产生的纠纷并不多。人们还约定成俗：如果男家解除婚约，彩礼不退；如果女家解除婚约，彩礼就须原数退还。

民间聘礼自古无定数，不同时代不同地方的标准都不相同，而且时常变动。一般来看，聘礼都是以当时社会生活水平为基准，或上下略有浮动。如果男方过于吝啬，就会受到人们的耻笑，有时还会导致婚事告吹。而女方一味追求聘礼数量，甚至以聘礼多少才考虑是否联姻，乃是聘礼习俗中的不良风气。这种风气从秦汉以后就有流行，在整个封建社会，几乎从来没有停止过。

商定聘礼时，主要是双方家长出面，或由男家先与女家商议；也有女家先提出聘礼条件，交由男家考虑。双方如有争执，就需媒人往返协商才可定。聘礼谈妥后，便正式书写礼帖，开呈聘金、礼品若干，并立以字据。男方于迎亲之前必须予以兑现，否则就不能完婚。聘礼通常在迎娶前一百天或两个月送达女家，俗称放“大定”，具体日期则由男女两家协商而定。在民间，聘礼的礼金都会凑成一个吉利的数字，往往以6、8或9的数字重复为多，而4和7不应出现在礼金数额当中。

古代婚俗中下聘礼的雕像

引自乔姣姣《中国红 中国饮食 =Chinese Food》，黄山书社，2012年6月，第49页。

或许你听说过牛郎织女的故事，但你了解他们为什么一年只能见一次面吗？原来这也与送聘礼有关。据《荆楚岁时记》所记："牵牛娶织女，取天帝两万备礼，久而不还，被驱在营室是也。"牛郎因家境贫困，为操办婚事，要织女向天帝借二万钱下聘，后因久欠不还，才引起天帝大怒，把牛郎赶在营室中，每年只让他与织女见一面。这虽是神话传说，但也与汉朝以来娶亲下聘礼的习俗相符，所以，民间才有这样的传说。

【哭“嫁”】

结婚，是女人一生中最重要的事情。俗话说“男怕入错行，女怕嫁错郎”，每个未婚女子，无一例外地都期盼着自己能嫁个善解人意又感情专一的郎君，当然，能有一定经济基础，再英俊潇洒就更好了。

婚姻本是男女双方的事情，为何只强调“女怕嫁错郎”，而不说男怕娶错女？这原与中国封建社会男尊女卑的传统有关。古代男子可以在婚姻上一妻多妾，因此，娶错一个不要紧，可以不经女方同意，就把她给休了；实在不能休，也没关系，还可以再纳。在这种情况下，女子要是嫁错了郎，根本没有回旋的余地，恐怕只有死路一条。当一个女人的婚姻幸福完全取决于自己命运的偶然时，难免会这样顾虑重重。

“嫁”字篆文写作。（女），指新娘；（家），既是声旁也是形旁，表示新婚女子将来固定的生活居所——夫家，其造字本义是新婚女子

到夫家居住。《说文解字》曰：“嫁，女适人也。从女，家声。”“嫁”字虽未见甲骨文和金文，但“家”字在早期甲骨文就有出现，写作，是个会意字。上面是“宀”，表示与室家有关；下面是“豕”，一头大腹便便的肥猪，用以代表所有家庭财产。“女”和“家”紧密结合起来的“嫁”，表示女子婚后到夫家生活并主持家务（包括养猪），即出嫁后要把夫家当作自己的家。

与“嫁”字本义对应的有一“归”字。“归”的繁体为“歸”，甲骨文作，金文作。《说文》曰：“归，女嫁也。从止，从妇。”“女嫁”，即女子出嫁，这是“归”的本义。“止”就是“足”，表示行走之意；“帚”本为“妇”字，此作“妇”字的意符。段玉裁注：“妇止者，妇止于是也。”意为这里（夫家）才是女子的住处。《公羊传·隐公二年》注：“妇人生以父母为家，嫁以夫为家，故谓嫁曰归。”古人认为夫家才是女子真正的家，从娘家来到夫家，犹如返回自己的家。《诗·周南·桃夭》：“之子如归，宜室其家。”意思就是说：这个女子出嫁后，家庭生活应该很美满。《易·渐》：“女归，吉。”孔颖达注：“女人生有外成之义，以夫为家，故谓嫁曰归。”

古往今来，新娘子出嫁都是娘家的大事，按理应该欢喜才是。可是，在我国许多地方，曾长期流传着这样一种习俗，待嫁新娘在离开娘家之前，却是用哭声度过这一段时光，人们谓之“哭嫁”或“哭婚”。 新娘哭泣时，一般总有人陪哭，主要是母亲，或是姐妹及女友。母亲边哭边说，大多是对女儿传授为妇之道，同时也给女儿以良好的祝愿。所以，哭嫁并不是一种愚昧的风俗，而是一种真情的流露，也是一种母爱的传承。对于女性而言，婚姻是其生命历程中关键的一环，哭嫁习俗实际起到了婚前教育的作用，既能训诫新娘，使其完成角色转换，亦为之提供了宣泄临嫁时复杂情感的机会。

《诗·周南·桃夭》中的待嫁女子

引自安之卿《画里画外话诗经》，河北教育出版社，2013 年 1 月，第 18 页。

关于“哭嫁”的起源，主要有两种观点。一是认为哭嫁习俗的起源或与古代掠夺婚有关。《易经·屯》所记：“屯如邅如，乘马班如；匪寇，婚媾”、“乘马班如，泣血涟如”等，很可能就是这种习俗的写照。另有认为是古代封建买卖婚姻制度的产物，女子临嫁而哭，是表达婚姻不能自主的悲愤。这两种观点都不无道理，不管“哭嫁”是源于古代的掠夺婚，还是封建买卖婚姻制度，都有着一个共同的特征：新娘因不能掌握自己的命运而悲泣。这一特征被留传了下来，“哭”与“嫁”便结下了不解之缘，年复一年，世代相传，逐渐演化成了具有完整仪式体系的“哭嫁”习俗。

一种习俗从源起到形成都有一个漫长的过程，往往会受到多种因素的影响。“哭嫁”这一习俗究竟始于何时，虽已无从考证，但其历史应是非常古老的。《战国策·赵策》有记，赵国的公主要嫁到燕国去作王后，她的母亲赵太后在临别时“持其踵，为之泣，祝曰，必勿使返。”这大约是史书所记最早也是规格最高的“哭嫁”了。

南宋周去非所撰《岭外代答》，较早记录了岭南民间的“哭嫁”习俗。其卷四《风土门·送老》云：“岭南嫁女之日，新人盛饰庙坐，少女亦盛饰夹辅之，迭相歌和，含情凄婉，各致殷勤，名曰‘送老’，言将别年少之伴，送之偕老也。”清代一些地方志中亦有关于“哭嫁”的记载。如嘉庆年间湖南《宁远县治》卷二，记有该省南部五个州县流行哭嫁歌的民俗：“宁俗：于嫁女前一夕，具酒馔，集妇女歌唱。歌阕，母女及诸故伯姊，环向而哭，循叠相继，达曙乃止。此风不知始于何时，而道、宁、永、江、新五州，如出一辙。”

哭是人类一种主要的情感发泄方式，人们往往通过哭诉将自己内心的苦楚发泄出来。旧时民间有女子出嫁“不哭不发，越哭越发”之说，这就是新娘为何要哭的原委所在。由于封建礼教的束缚，古代女子在家中地位低微，婚姻更是不能自主，于是在出嫁前便用哭声来控诉不合理的婚姻制度，表达追求自由婚姻的意愿。久而久之，还形成了不少有地方特色的“哭嫁歌”。由于这些唱词感情真挚，凄婉动人，因而在一些地区广为流传，成为各地婚俗中的一朵奇葩。

从民俗学的视角来看，女子临嫁而哭并不可笑，反而是一种吉祥如意的象征，所谓不哭不体面，不哭不热闹。在许多地区，女子哭嫁乃是整个婚礼过程中一道不可或缺的仪式，亦是人们评说新娘孝顺程度的重要依据。如果出现嫁而不哭的新娘，就会被邻里看作没有教养，传为笑柄。出嫁女子的心理是极为复杂的，俗话说“嫁出去的女，泼出去的水”、“嫁鸡随鸡，嫁狗随狗”，对她们而言，尚不知夫家情况如何，又担心日后处境艰难；不仅担心婚后的命运，更是难舍依依亲情。种种感受交织心头，大有生离死别之感，自然要伤心而哭。有的从出门到上轿甚至一路上都要哭；有的哭上三天三夜；有的在嫁前十几天就开始哭。新娘诸般委屈，付之一恸，造成一种悲伤的氛围，恰与新婚之喜形成鲜明的对照。

哭嫁场面

引自李鹏主编《话说中国礼仪（第二册）》，天津古籍出版社，2007年7月，第636页。

“哭嫁”是一种仪式，也是一种告别，这是一个姑娘将要告别天真烂漫的少女时代。哭声里有着对诸多往事的回忆，回忆往日的欢乐和痛苦；有对亲情的依恋，依恋父母的疼爱和呵护，难忘兄弟姐妹的关怀和怜惜。哭声中虽有一丝憧憬，憧憬未来的幸福生活，但更多则是惧怕，即所谓“女怕嫁错郎”。可以说，世界上没有任何一种哭声如女子“哭嫁”那样，富有如此难以言表的复杂感情。

旧社会，女性无婚姻自由可言，自己的终身大事全由媒人和父母操控。于是，骂媒成了“哭嫁”必不可少的节目，也是最具反抗色彩的内容。父母毕竟于己有养育之恩，迁怒父母，既不合礼法，也难免于心不忍，因此，临上花轿之前的“骂媒”，便是新娘难得的发泄机会。骂媒人

既可发泄新娘的怨愤，据说还可带来吉利，所以，当母亲的也会把媒人骂个狗血淋头。此时的媒人只好装聋作哑，任由新娘全家骂个痛快。不过，旧时媒人从来不怕骂，反倒怕你不骂，你若不骂，她的“霉气”就脱不了，也就不能多取“媒利”。

“哭嫁”习俗长期得以流传，与其实际功能密不可分。婚姻不能自主，这是几千年来所有妇女的共同遭遇。因此，每一个新娘的哭诉，已不再是孤独的声音，也不单纯是对个人不幸命运的伤感，而是抒发了在封建婚姻制度下的整个受难群体的怨恨，这就使她的“哭”具有了广泛的社会意义。

明媒才能正"娶"

自古以来，聘娶婚一直是中国最广泛也是最正宗的婚姻模式。相传这种婚姻制度始于远古的伏羲氏。北宋刘恕《通鉴外纪》载："上古男女无别，太昊始设嫁娶，以俪皮为礼。"即男方以雌雄一对鹿皮作为婚姻的聘礼，上女方家求婚，女方若是接受了男方送的礼物，婚约就算成立。此后，婚娶的内容和程序逐渐增多，除预备聘礼（礼物、金钱）外，还形成了一整套与之相适应的嫁娶程序。

聘娶婚是男子以聘的程序娶妻，女子按聘的方式出嫁。这种妻从夫居式的婚姻，是指婚姻关系一旦确定后，妻子到男方家与丈夫及其亲属共同居住的一种婚姻形式。古代男人们一生一世住在一个地方，可以继承和拥有田地、房屋等资产，并娶妻以完成传宗接代的任务；女子结婚则要离开养育自己的娘家，来到一个完全陌生的世界，承担为夫家生儿育女、养老

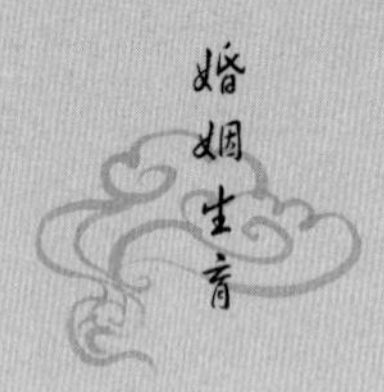

抚幼的义务。这就是所谓的“男娶女嫁”。

娶妻的“娶”在造字时并没有女字旁，这是后来才加上去的。原来，“取”与“娶”是一对古今字，“娶”的初文为“取”，即“取”是“娶”的本字。“取”字甲骨文作，（耳），是耳朵的象形，而（又）指用手抓取，表示用一只手持一只耳朵，其本义是割下敌人或野兽的耳朵，以示战功。古代有割耳作为论功行赏依据的记录。《周礼·夏官·大司马》：“大兽公之，小禽私之，获者取左耳。”由此可以明白，“取”字的“耳朵”为何要放在左边。金文“取”作，左边的“耳”字稍有变化，右边的“手”(又)一点也没有变。到了小篆时，左边的耳朵又恢复了原来的样子，写作。《说文·又部》曰：“取，捕取也。从又从耳。”

显然，“取”字本义并非一般意义的获取，而是与古代论功行赏有关。古人无论杀敌或是围猎，都以武力夺取而来。既然取得耳朵是“取”，那战场上攻城略地，行猎时捕获禽兽，生活中获得财物当然也是“取”了。又因古代媒聘习俗形成之前流行过掠夺婚，女子曾是男人的战利品，被当作一种财富获取，就连成年男子迎娶新娘，也叫作“取”。如《诗经·陈风·衡门》：“岂其取妻，必齐之姜。”《左传·隐公元年》：“初，郑武公取于申，曰武姜。”这里的“取”都是“娶”的意思。后世媒聘习俗出现，古人又专造一“娶”字表示娶妻，承担的是古字“取”的引申义。

甲骨文中亦有“娶”字，写作，是一左右结构的合体字。左旁（女），特指新娘；右旁（取），有获取之意。“娶”是在“取”的基础上加一“女”旁，应是在掠夺婚影响有所趋弱，聘娶婚已出现的情况下产生的。先秦典籍多用“取”而不用“娶”，说明聘娶婚虽已出现，但掠夺婚影响还有存在。篆文“娶”字开始改成上下结构，写作，隶书写作。

《说文·女部》曰："娶，取妇也。从女，从取，取亦声。"

在古汉语中，"娶"与"嫁"作为常见的表示男女婚姻活动的两个字，虽然给人以相对的感觉——男娶女嫁，但它们实际上是不对称的。从这两字的意义上，我们可以看出古代男权社会的思想意识："娶"明显表示主动，因聘而娶；而"嫁"则表示被动，从夫而居。"男大当婚、女大当嫁"是人们经常挂在嘴边的一句话，这句话实际上是对千百年来占主流地位的"从夫居"的概括性表述，而"从夫居"正是以男子为中心的男娶女嫁的婚居模式。

有一成语叫"明媒正娶"，说的是旧时经媒人说合、父母同意，并以传统仪式公开迎娶的正式婚姻，带有名正言顺的意思。如元关汉卿《救风尘》第四折："现放着保亲的堪为凭据，怎当他抢亲的百计亏图；那里是明媒正娶，公然的伤风败俗。"由这一成语，可以大致概括构成古代聘娶婚的三大要素：家长权威、媒妁撮合和聘礼程式。

古代婚姻的一项基本原则，就是儿女必须遵从父母之命。《诗经·齐风·南山》曰："娶妻如之何？必告父母。"这对女子而言，无疑更为重要。因为古代女子抛头露面的机会是很少的，所以，婚姻以"父母之命"为是，似也在情理之中。一是因为父母人生阅历较多；二是作为父母皆希望儿女将来幸福，都想往好处促成婚事的。封建时代，推崇儒家的孝道，父母是给子女带来生命的人，所以，子女的人生要听从父母的安排，才能体现孝道。正是出于这种孝道，却忽略了当事人的婚姻自主权利。

婚姻的缔结，除了必须遵从"父母之命"，还要听凭"媒妁之言"。媒妁在古代之所以重要，在于其能协调宗族男女关系，成为宗族联姻的一座桥梁。故《诗经·齐风·南山》又曰："娶妻如之何，非媒不得。"按照《周礼》记载，西周已设立了管理婚姻的职官——"媒氏"，专门"掌万民之判”，“判”，就是把男女两半合在一起。可以说，媒人是沟通男女双方的唯一中介，“男女双方非媒不知名”（《礼记·曲礼下》），这是中国古代的通例。今天虽然也有婚姻中介机构，但是和古代媒妁有着本质不同。现在的中介机构只起一个牵线搭桥的作用，在婚姻自由的原则下，婚姻大事完全由当事人自己作主。

媒婆说媒

引自李鹏主编《话说中国礼仪（第二册）》，天津古籍出版社，2007年7月，第569页。

在古人看来，合礼合法的婚姻，有了“父母之命，媒妁之言”，还必须通过必要的程序才能完成。这一娶亲程式，是在西周即已确立的“六礼”。所谓“六礼”，就是男女结婚的六个环节，指纳采、问名、纳吉、纳征、请期、亲迎，最早见于《礼记·昏义》。它原是专为贵族设定的，对平民并没有严格要求，但是它在民间产生的影响非常深远，以后历代大多沿袭，而在名目和内容上往往有所变化。

纳采：俗称议婚，男方通过媒人向女方提亲，通常以活雁作礼，象征忠贞不二。

问名：在女方答应议婚后，男方再请媒人了解女子名字、生辰等，俗称“合八字”，并卜于祖庙以定凶吉。

纳吉：卜得吉兆后即与女方订婚，由媒人到女方家致赠礼物，并决定这门亲事。

纳征：又谓纳币，俗称大聘或完聘，男方选定吉日，送聘礼到女方家举行订婚大礼。

请期：俗称择日，男方携礼至女方家商定婚期。

亲迎：婚期之日男方迎娶女子至家，正式举行婚礼。

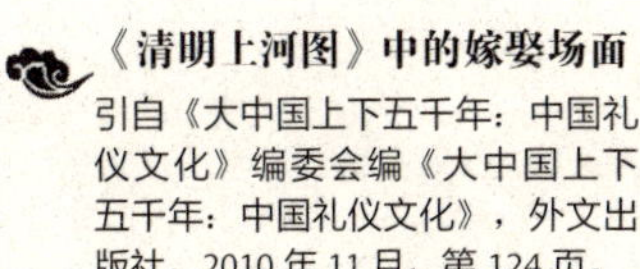

《清明上河图》中的嫁娶场面

引自《大中国上下五千年：中国礼仪文化》编委会编《大中国上下五千年：中国礼仪文化》，外文出版社，2010年11月，第124页。

“六礼”作为我国古代婚姻仪礼中最主要的组成部分，也是婚礼的基本程式，它表现了聘娶婚制度的全过程。在各个程序中，人们最讲究的是纳征，纳征的礼物最为重要，即正式的聘金、聘财，此礼一旦完成，男女双方都不能轻易悔婚，否则不仅为社会舆论不容，而且还有可能受到法律处分。

中国古代的婚姻重视明媒正娶，婚娶除了要具备“父母之命、媒妁之言”及聘约的条件外，婚姻过程还必须依照“六礼”的程序而行，只有这样，才算合礼合法。当然，在不同的时代，婚俗礼仪亦有所不同。后来人们大概觉得“六礼”的程序稍显复杂，到北宋便减为“四礼”，只有纳采、纳吉、纳征和亲迎。到了南宋，朱熹《文公家礼》又把纳采和问名合并，把纳吉和纳征合并，把请期和亲迎合并，这样就压缩成了“三礼”，即纳采、纳征、亲迎。明清以后，包括到了近代，民间婚事大多沿用这“三礼”的规制。

双“喜”临门

现在年轻人结婚的时候，总会在门窗上、房间里贴上许多大红的“囍”字，包括在每辆迎亲的豪华汽车上，也都要带有“囍”字，以讨个喜事成双的好彩头。

“囍”，是把两个喜字结合在一起，已成了一个具有民俗特色的文化符号。因它由两个喜字连体合成，故又有“双喜”之称。它是一个汉字，可是，你若翻阅一般字典，又查不到这个“囍”字。这是怎么回事呢？要了解这个“囍”字的来历，还要从喜字本身说起。

“喜”字甲骨文有写作[甲骨文]（《殷契粹编 1211》），是一会意字。上部[甲骨文]（彭），是在古字“鼓”的周围加四点表示擂鼓之声；下部[甲骨文]（口），表示欢呼庆贺。甲骨文亦有作[甲骨文]（《殷墟书契前编 4·18》），上部即为“鼓”形，只是省略擂鼓音响的指事符号。金文承续甲骨文字形，写作[金文]

（《大丰簋》），篆文则写作喜。从甲骨文到篆文，“喜”字结构造型基本相同，上部为“壴”，下部为“口”，都与击鼓相庆有关。郭沫若《卜辞通纂·世系》：“壴，乃鼓之初文，象形。”

《说文·口部》曰：“喜，乐也。从壴，从口。凡喜之属皆从喜。歖，古文喜从欠，与欢同。”许慎将“喜”解释为欢乐，源于古文的喜字“歖”。歖，左边从喜，右边从欠，“欠”与人的嘴巴动作有关，故许慎将其解释为击鼓欢呼。段玉裁注：“喜，乐也，从壴从口。壴象陈乐立而上见，从口会意，从口者笑下曰喜也。”朱骏声《说文通训定声》云：“闻乐（yuè）则乐，故从；乐形于谭笑，故从口。”意思是说：人们听到鼓乐声就会感到快乐，“喜”字所以从口，是因为人们的快乐情绪往往通过口的谈笑表现出来的。一说“口”为置放鼓的基座的形状，表示有了喜庆之事，人们就要擂鼓奏乐庆贺。（康殷《文字源流浅说》）两种解说虽稍有差异，但有一点相通，即古人的欢乐，主要是由鼓声引起的。怪不得人们凡遇喜庆之事都要敲锣打鼓一番。

铜鼓

作者摄于广西民族博物馆，2013年12月。

鼓是人类最早的打击乐器，鼓声本是一种强烈意愿的表达。“喜”字的初文用一个鼓的形状加一个口形，即把鼓敲起来，再加上笑口常开就是喜。中国人素有喜庆情结，从古至今，民间婚嫁中的许多事物都带有“喜”字，如送喜帖、挂喜联、喝喜酒、吃喜糖、喜饼、喜果等，女子婚后怀孕称“有喜”，分娩则称“得喜”。汉语中从“喜”的字，除作声旁，多用以表达人的欢悦情绪。其中，尤以“囍”字最为人们所熟悉和喜爱。“囍”又称双喜字，主要用于婚礼、嫁娶等喜事场合，除了喜庆之外，还寄托了人们祝愿新人喜事连连，成双成对，比翼双飞的美好愿望。

结婚时贴“囍”字，是民间传统的喜庆习俗，一个“囍”字也成了老百姓喜闻乐见的吉祥符号。它由两个并列的喜字组合，看上去方正匀称，端庄协调，如男女并肩携手而立；中间有四个口，既表达男女欢喜，又象征子孙满堂、幸福如意。一桩美好的婚姻，要靠夫妻双方去共同经营，“囍”字的妙处，正在于它体现了人们内心祈求美好生活的意愿。那么，这个“囍”字又是如何产生的呢？对此，各地有着许多不同版本的传说。其中，流传较广的是与北宋著名政治家、文学家王安石有关。

据传，王安石23岁时赴京赶考。一日，他途经一个叫马家镇的地方，偶见一富贵人家门前挂着一盏走马灯，灯上写着一条上联：“走马灯，灯走马，灯熄马停步。”只有上联，没有下联，似乎在等有人来对出下联。原来，这上联是该户主马员外为女儿选婿而出的，虽然已挂了多时，却无人能对得上。王安石因急于赶路，未及逗留便离开了。次日考场上，王安石文思敏捷，很快就答完了考题交卷。考官见他才华出众，有心再试试他，就指着厅前的一面飞虎旗出了个下联：“飞虎旗，旗飞虎，旗卷虎藏身。”要王安石对出上联来。王安石一听，马上想起了昨日马员外门前的上联，便不假思索地对道：“走马灯，灯走马，灯熄马停步。”考官听后大为赞赏。离开考场，王安石特意赶回马员外家，提笔写下“飞虎旗，旗飞虎，旗卷虎藏身”的下联。马员外看了二话没说，当即许诺将女儿嫁给他，并择吉日完婚。正当这对新人成婚拜堂之时，忽闻门外有人来报：“王大人金榜题名……”此时，王安石真是双喜临门，喜上眉梢，不由挥笔写下两个大红“喜”字，贴在门上，并又吟成一联：“巧对联成双喜歌，马灯飞虎结丝罗。”从此以后，结婚贴双“喜”字的习俗便流传开来。不知何时，双“喜”字又合成为连体的“囍”字。这一美好的传说当然不一定真实，但众口相传，也就成了“囍”字文化蕴涵的一部分。

“囍”字后来成为民间置办婚事必不可少的元素，其贴法也颇有讲究。过去有些地方人家出嫁女儿，大门上贴的是单喜字，有儿子娶媳妇，则贴双喜字。过路的人只要看到单喜或双喜字，就可知道此户人家所办喜事是“嫁”还是“娶”。如果新房是单扇门，则门的正反面都应贴“囍”字。贴“囍”字的时间也有一定的讲究，新房“囍”字一般在婚礼前一天的上午贴。按旧俗，大门上的“囍”字贴好后，最好让其自然脱落，或在结婚一年后再进行清理。还有“囍”字不可像“福”字那样倒贴，而应保持水平位置正贴。

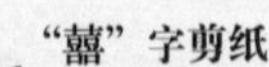

“囍”字剪纸

引自孙朝林《中国美术·设计分类全集》（民间美术卷），辽宁美术出版社，2013年8月，第85页。

当今社会，凡有嫁娶之事，人们不光在门口左右贴大红“囍”字，新房之中，家具、墙壁、门窗也多贴有装饰性的“囍”字，连迎亲的汽车上也要贴上它。民间又有许多花样的装饰性“囍”字，每一样式都隐含着某种美好的心愿。如心型双喜字称为“心心相印”，一般贴在新房的各种灯具上；刻有喜鹊的双喜字称为“喜迎吉庆”，多贴在家里的各种电器上；牡丹图案配上双喜字，寓意“富贵双喜”，多贴于墙上；刻有龙凤的双喜字称为“龙凤呈祥”，宜贴在镜子上；刻有双凤的双喜字称为“凤舞蝶飞”，一般贴在梳妆台上。新房内的装饰性“囍”字配上各种吉祥图案，更具有浓郁的喜庆特色，自然为婚事增添了不少喜气。

双喜字写作“囍”，原指同时有两件喜事来临——双喜临门，把它用在结婚庆典上，则表示男女双方皆为欢喜之意。“囍”字很早就出现在喜帖上，所以喜帖在民间又称囍帖。收到喜帖，参加婚宴的宾客都要准备一份贺礼，给新人送贺礼时，要选用红纸或是专门印制的双喜字红包。礼金数目最好是双数，又以六、八、百为常见数字。六的寓意为“禄”或“六六大顺”；八谐音“发”，表示兴旺之意；百则有“白头偕老”的意思。礼金数额多少不一，可按宾客实际情况以及与新人的亲疏关系来定。

作为民间俗体字的“囍”，至今还未被许多专家学者视为一个通用汉字，故一般字典都未收录，但这并不影响它在民间的广泛应用。究其原因，正在于它独具的民俗文化魅力。

【“孕”妇为何要忌食】

两千年前，孟子曾说过：“不孝有三……无后为大。”（《孟子·离娄上》）而《礼记·昏义》认为：“婚姻者合二姓之好，上以事宗庙，而下以继后世也。”这就是说，婚姻的目的是为了生育，而生育主要是为了家族后继有人，绵延不绝。受儒家这种传统思想的影响，传宗接代，便成了中国人最基本的生育观念。

婚姻在本质上是一种人与人社会关系的体现，是两性的有序结合。两性交合，就存在着受孕的可能性，受孕即意味着生育后代。这是一个互相联系又互为因果的生殖链，而一切又都是从婚姻开始的。婚后怀孕对女性而言，这是既幸福又痛苦的事情，这个过程又被认为是极其神圣的。

“孕”字甲骨文写作[甲骨文]，像一个大腹便便的孕妇侧形，在其隆起的腹部里有一个胎儿[甲骨文]（子），头朝上，好像站立在母腹中（其实，大多数胎儿在母体内都不是这个姿势）。造字本义就是女子怀有身孕。有趣的是，甲骨文“身”字原也有怀孕之意，且字形与“孕”字相近，写作或，不过腹中仅是加一点。一般认为，当“身”的这一本义消失后，才另造会意字“孕”代替。也就是说，甲骨文“身”、“孕”同体，其字形均为一人大腹，而“孕”字甲骨文更为形象。对此，徐中舒《甲骨文字典》释为：“从人而隆其腹，以示其有孕之形。其义当为妊娠。或作腹内有子形，则其义尤显。孕妇之腹特大，故身亦可称腹。腹为人体主要部分，引申之人之主体亦可称身。”直到现在，民间也仍有把女人怀孕称为“有身”或“双身子”。甲骨文身、孕二字的构形，说明先民们已认识到人乃人之所生这个道理。

金文“孕”字写作，（女），孕妇，强调“孕”为妇女的生理行为。篆文字形讹变，写作，不但腹中之“子”脱离母体，而且“人”形也已变样。上面（人），怀孕妇女；下面（子），腹中胎儿。楷书作孕，其中，“乃”为“人”字的变体。《说文解字》曰：“孕，裹子也。从子，从乃。”“孕”的本义为怀胎、生育，后也引喻在既有事物中培养出新生的事物。

原始人类不懂得女性怀孕是男女交媾的结果，对此觉得很神奇，于是作出了种种神话学的解释。女娲造人的传说，便是先民不懂得人之所从来的表现。《史记·殷本纪》载：“殷契，母曰简狄，有戎氏之女，为帝喾次妃。三人行浴，见玄鸟坠其卵，简狄取吞之，因孕，生契。”同样《诗·商颂·玄鸟》曰：“天命玄鸟，降而生商。”都是说商人的祖先契是其母简狄吃了燕卵所生。在汉画像中，有人首蛇身的伏羲和女娲的交合图，似已流露先民对生育的朦胧认识。

《周易》开始明确了男女性事为人类生存、繁衍的需要，是符合自然规律的行为。《周易·系辞下》曰："天地氤蕴，万物化醇；男女构精，万物化生。"对人类的性行为加以充分肯定，并认为这是天地阴阳的交会，给万物带来生机。

人首蛇身女娲、伏羲
引自王立娜主编《鬼神文化》，内蒙古人民出版社，2006年3月，第11页。

随着人们对生育认识的提高及社会的发展，男性的社会地位逐步上升，女性便降为专门从事生育和侍从的地位。甲骨文"女"字作[甲骨文"女"字形]，双手敛于胸前作跪坐或待侍立之状，正是当时妇女社会地位变化的形象写照。甲骨卜辞中还有许多关于生育的记载，包括商王占卜王妃能否怀孕，有无灾祸，生男还是生女等。卜辞中生男的叫"嘉"，生女的叫"不嘉"，反映早在殷商时代就已有重男轻女的生育观念。

在宗法制度下，父系家族的延续被认为是至关重要的，无后则被看成是最大的不孝。此种观念极大地影响了一代又一代的中国人，并形成了生育上的种种禁忌。加上在古代农业社会，人是最重要的劳动力和生产资料，本来人的寿命不长，再遇上饥荒、战乱或族群械斗，经常导致大批人的死亡，所以，中国从上到下，长期流行多子多福、重男轻女的风俗是不足为怪的。操办婚事时，女方嫁妆中一个小小的枕头便透露出其中的信息。如枕头上绣的“麒麟送子”图案；填枕头时放入的红枣、花生、栗子等，都是属于“祈子”的范畴。

许多地方，已婚妇女怀孕叫“有喜”。为此，娘家人特要来贺喜，所携礼品多为鸡蛋、红糖以及小孩的衣、帽、鞋等。怀孕之所以被称为“有喜”，正缘于民间传统的生育观念。清翟灏《通俗编·妇女》：“《番禺记》：广州谓妇人娠者曰有欢喜。按，今江以南通为此言，但省去‘欢’字，不同耳。”旧时，姑娘结婚后，母亲最关心自己的女儿是否怀孕，公婆更是盼望着早抱孙子。一旦媳妇有怀孕症状，就知道是有“喜”了。这时全家人特别高兴，因为终于后继有人了。

一个女子婚后若长久不孕，自然会引起全家的不安与恐慌，并想方设法要求子怀孕。向神灵祈求子嗣，这是最普遍的一种方式。过去各地都有“送子娘娘”庙，久婚不孕者，逢初一、十五便沐手净身向“送子娘娘”祈祷求子，并许诺得子后还要及时去寺庙还愿。至于其他求子方式，千奇百怪，不一而足，成为中国传统信仰风俗中颇有特色的一部分。

当一个已婚女子一旦确定了“有喜”，无论本人或父母，还是公婆、丈夫以及其他家人，都会喜上眉梢。女子怀孕后，她的食欲和食量会比平时大很多，加强营养便显得非常重要。但在早期医学不发达的情况下，民间流传的护胎禁忌相当多，有些食物因被认为对胎儿不利，饮食时就要有所避忌。

孕妇饮食禁忌中，流行最广的是忌吃兔肉，否则生下的孩子会有兔唇。这一说法产生的年代颇为久远。《论衡·命义篇》云：“妊妇食兔，

北魏石雕孕妇

引自《大中国上下五千年：中国礼仪文化》编委会编《大中国上下五千年 中国礼仪文化》，外文出版社，2010 年 11 月，第 100 页。

子生缺唇。”可见早在东汉已有此习俗。西晋张华《博物志》中也有记载：“妊娠者不可啖兔肉，又不可见兔，令儿缺唇。”现在我们知道，小儿兔唇在医学上称为“唇裂”，俗称“豁嘴”，是孕妇孕期胎儿发育异常的一种先天性畸形，与吃兔肉并不相干。

流行较广的还有忌食驴、马肉等。民间认为，马和驴的怀胎期长达十一、十二个月，孕妇如吃了驴、马肉，就会使孕期延长。这一说法，连药王孙思邈在其《千金要方》中也有提及：“妊娠食驴马肉延月”，说明这一习俗在唐代就已流行了。有些地方还相信，孕妇若吃了驴肉，生下的小孩就会有驴一样的倔脾气。其他还有不能吃狗肉，否则将来孩子爱咬人；忌吃螃蟹，吃了螃蟹，生下的孩子多会流口水；忌食鸭子，吃了鸭子，孩子容易得摇头病；忌食生冷食物，不能喝凉水，否则会闹肚子，影响胎儿生长。另外，出于防止犯冲的观念，孕妇还忌食诸如礼饼、喜果、冰糖等嫁娶的喜物，以免“喜上冲喜”。

以上种种饮食禁忌，主要是依据古老巫术“同类互感”的信仰原则，或从食物的性能，或从食物的形状，考虑对胎儿可能造成的影响，担心对胎儿或孕妇会造成灾难祸患，所以要禁止食用。对此，古代一些医书也多有强调。如宋陈自明《妇人大全良方》曰：“受孕之后，不可食之物，切宜忌食。非唯有感动胎气之戒，然于物理，亦有厌忌者。设或不能戒忌，非特延月难产，亦能令儿破形母殒，可不戒哉！”

今天看来，这种饮食禁忌大多并不科学，甚至带有迷信的色彩，但其中倾注了人们祈盼母子平安的美好心愿，也有一些是有利于保持孕妇身心健康和胎儿正常发育的，如忌食生冷食物等。所以，对此还需加以区别对待。

【生“育”观念的变化】

人类的繁衍、发展离不开自身的生育，而在人类整个生育的过程中，女性承担着神圣的使命。从十月怀胎到一朝分娩，不仅增加了一系列的生理负担，而且还要忍受巨大的心理压力，甚至有时还会遭遇生命危险。尽管如此，出于母性的本能，她们总是无怨无悔。

生育不但是一个生理过程，更是一个新生命的开始。对于一位母亲而言，最可宝贵的财富就是她生育的孩子。刚经历了分娩的剧痛，母亲便又全身心地哺育孩子，而孩子的一颦一笑，都会令她牵挂和满足。如果说，生育给父母带来天伦之乐的同时，也会带来生活的压力，那么，母亲的伟大之处，就是在照料、抚养子女方面履行了更多的责任和义务。所以，母爱也成了天底下最无私、纯真的爱。

古文字“毓”是“育”的本字，早期甲骨文写作。（人），指产妇；𠫓（倒写的“子”），即表示头朝下顺产的婴儿。造字本义是孕妇产子。晚期甲骨文作，其会意更为明确，以（女）代替（人），进一步突出产妇生产的本义。金文承续晚期甲骨文字形，写作，在𠫓（子）的头部加三点，表示产妇生产时流下的羊水；一说那三点像婴儿胎发。篆文作，将金文（女）写成（每），“每”字甲骨文为，本义也是女子生育；将写成。篆文异体有作。上面𠫓（婴儿）；下面（肉），已有从生产进入哺育之意。隶书讹变为，将篆文𠫓误写成，将写成（月）。

娃娃坐莲

引自周佳《中国最美剪纸》，湖北美术出版社，2013年1月，第41页。

“育”的本义是生育。《广雅》：“育，生也。”《易·渐》：“妇孕不育，失其道也。”育（毓）的古文字形，将妇女生产时的情景和部位形象地再现出来，特别是在象征女性身体的下方着一倒写的“子”，表示妇女生产时婴儿头先出来为顺产，说明当时先民已经对女性生育有了较直观的认识。

作为“育”的本字，“毓”字反映了母亲生育的过程，后来二字有所分工。“毓”字仍多表示生育、孕育。蔡邕《刘镇南碑》：“况乎将军，牧二州，二纪功载王府，赐命优备，赖而生者，毓子孕孙，能不歌叹！”其中“毓子孕孙”，就是繁衍子孙的意思。有个成语叫“钟灵毓秀”，它的意思就是凝聚了天地间的灵气，可以孕育出优秀的人物，特指山川秀美，人才辈出。“育”字更多是养育、培育的意思。《诗·大雅·生民》：“载生载育，时维后稷。”《说文解字》曰：“育，养子使作善也……《虞书》曰：‘教育子。’毓，育或从每。”这里，许慎把“育”解释为“教育”，已明显是引申义了。

旧时，产妇分娩都在家里。孕妇临产的时候，家人急速请来当地接生婆为婴儿接生。由于这些人没有受过专业训练，加上条件简陋，采取的土法接生往往具有很大风险，产妇和婴儿的死亡率一直比较高。故过去民间有俗话说，产妇分娩是“一只脚踏在棺材里”。

也许一个孩子还是胎儿的时候，他就能感受到母亲的安详或焦虑不安的情绪、动作和心跳等。婴儿一旦降临人世，母亲就要给他哺乳，这是人的生物属性。你看，甲骨文“乳”字，多么形象生动，正是一个母亲双手怀抱婴儿在哺乳的写照。对一个娇弱无力、感觉混沌的婴儿而言，母亲就是他（她）刚来到人世时最可依赖的守护神。

分娩给产妇带来极度的疲惫，身体十分虚弱，产后不光需要安静舒适的环境休养，还需要足够的营养补充妊娠与分娩的精力消耗，以帮助恢复元气和促进分泌乳汁。古代中医认为："产后气血暴虚，理当大补。"（清 萧埙《女科经纶》）"产后进补"这个观念，正是来自古老的生育遗风。人们习惯上将产妇产后一个月的休养时间称为"坐月子"（南方地区习称"做月子"），在"坐月子"的过程当中，实际上是产妇整个身心系统得以恢复的一个过程。如果没有"坐"好月子，将会为今后的身体健康埋下隐患。所以，民间对此都极为重视。

根雕"榴生百子"摆件

引自《大中国上下五千年：中国礼仪文化》编委会编《大中国上下五千年 中国礼仪文化》，外文出版社，2010年11月，第105页。

"坐月子"，最早可以追溯至西汉，距今已有两千多年的历史。这一习俗的形成，原与父权文化的传统有关。古人认为妇女的经血是不干净的，产妇分娩后的身体更是污秽，因而产妇在孩子满月之前不得离开产房外出，否则会触怒神灵，招致疾病和灾难。出于这种禁忌，古代产妇生

产期间，甚至连自己丈夫也不能入内相陪。《礼记·内则》曰："妻将生子，及月辰，居侧室，夫使人日再问之，作而自问之，妻不敢见，使姆衣服而对。至于子生，夫复使人日再问之，夫齐，则不入侧室之门。"这一原意贬低妇女生育意义的习俗，在客观上却减轻了产妇的负担，给她们产后的身体恢复提供了一个良好的环境。"坐月子"的习俗至今仍然流行，但最初的这种禁忌意识早已淡化。

在医学上，"坐月子"称为产褥期，是产妇身体机能和生殖器官的复原期，一般需要6—8周。传统中医学认为，人的骨节在平时是闭合的，而产后，随着骨盆的打开，产妇全身上下的骨节都处于一种松弛的状态。这样，风寒就容易乘虚而入。所以，身体羸弱又调养不好的产妇，有可能在月子结束后不久就会感到腰酸背痛，而有些妇女到了年纪大时，也会感觉全身疼痛，尤其是骨节疼痛难熬。中医称这种疾病为"产后风"，俗称"月子病"。

由于受传统观念的影响，在"坐月子"期间，产妇要遵循一系列生活习俗。例如，必须待在家里，躺在床上，不能外出；因为怕受风寒侵袭，即使在家里也不能开窗，还不能刷牙、洗头、洗澡；只能吃一些软熟的食物，不能吃蔬菜、水果及生冷食物，否则会伤及牙齿和脾胃；除了喂养孩子，产妇可以不做任何家务等。这种习俗行为，有些对产妇和新生儿有一定的保护作用，有些则完全没有科学的根据，因而会引起许多不良后果。以往要求产妇这样做，可能与当时产后营养差、抵抗力弱，容易受到病菌的感染有关。而现在的产妇一般都营养充足，抵抗疾病的能力相应增强，故在生育观念上需变化，大可不必再拘泥过去旧的习俗。

从社会学的角度来看，"坐月子"是产妇人生的一个特殊时期。随着婴儿的出生，自己的身份也发生了变化，从初为人妻变为人母。与此相应，这一期间的生活也有所改变，家里的人都甘愿伺候她，这在过去是从来没有的。所以，产妇在获得较长时间的身体调理和修养的同时，还可以借此发泄一下平时累积的不满情绪，有助消除产后抑郁。一个有力的佐证是，时至今日，我国产妇产后抑郁症的患病率明显低于西方国家。究其原因，很大程度是与中国传统的产后“坐月子”习俗有关。

与老一辈“坐月子”有诸多禁忌不同，现代年轻的妈妈在生育过程中，更愿选择科学的“坐月子”。除了在家里外，现在有不少白领准妈妈由于工作忙，或父母不在身边，自己又不懂产后护理和新生儿照料，她们宁可多花钱去月子会所。那里有专业的妇产科医生及护士护理产妇、新生儿，能及时发现、处理月子期间发生的各种问题；又有专业的营养师每天精心调配月子营养餐；还有育婴师为宝宝洗澡，并进行早期智力开发与教育。当然，也有一些爱美的产妇，是冲着月子会所有各种健身设施，希望自己能在产后迅速恢复体形而去的。

【诞生礼的“庆”贺】

当一个婴儿脱离母体，呱呱坠地，这是具有特殊意义的时刻，因为它标志着一个新生命的诞生。人的诞生日，俗称“生日”，我们每个人都不会忘记自己的生日。

婴儿出生之时，既是他人生的开始，也是他家庭乃至家族的大事和喜事，故家人欢欣，亲朋相贺。古今中外，无论哪个民族，都会举行具有本民族特色的新生婴儿的庆贺仪式，这样，这个生命才能得到家庭、邻里与社会的认可。我国传统的诞生礼仪，因地区差别而有所不同，但大都包含了诞生、三朝、满月、百日、周岁五种主要形式。

“庆”字繁体为慶，甲骨文写作[甲骨文字形]，像一只头朝上的鹿的侧面形象[甲骨文字形]，里面有一倒写的“心”[甲骨文字形]，表示心意诚恳并高兴地祝贺。“庆”字从鹿，这与古人对鹿的认识有关。古代鹿为长寿之物，且鹿皮华丽，是吉庆的象

乾隆皇帝的“洗三”礼

引自《大中国上下五千年：中国礼仪文化》编委会编《大中国上下五千年 中国礼仪文化》，外文出版社，2010年11月，第106页。

征，故先民多以鹿皮为贺礼。《仪礼・士冠礼》：“乃礼宾以壹献之礼，主人酬宾束帛、俪皮。”郑玄注：“俪皮，两鹿皮也。”金文“庆”字作，把变为，并在下面加上，表示鹿的尾巴。篆文承续金文字形，写作，将原鹿尾变成（倒“止”），即脚，表示前往祝贺。《说文解字》曰：“庆，行贺人也。从心从夊。吉礼以鹿皮为摰，故从鹿省。”段玉裁注：“谓心所喜而行也。”《广雅・释言》亦云：“庆，贺也。”

古代新生儿诞生之后，父母就要举行庆贺婴儿诞生的仪式，如“挂红布”、“送红蛋”等。“挂红布”源于春秋时挂佩巾习俗。《礼记・内则》有“子生，男子设弧于门左，女子设帨于门右”的记载。弧即弓，特指生男孩；帨即佩巾，特指生女孩。弓与帨，具有鲜明的性别特征。古代重男轻女，生男孩为“弄璋”，俗称“大喜”；生女孩为“弄瓦”，俗称“小喜”。原来，挂红布是特指生女孩，后成为一种具有普遍意义的象征报喜的符号。另外，挂红布还有一层意思，即示意外人不得随意入内打扰，以免带来邪气冲撞了产妇和新生儿。红蛋又称喜蛋，就是染红的鸡蛋。古代以鸡为百禽之长，民间祭祀常用鸡血，鸡蛋同样可以辟邪，因而要送红鸡蛋来报喜。这一习俗至今还在盛行。

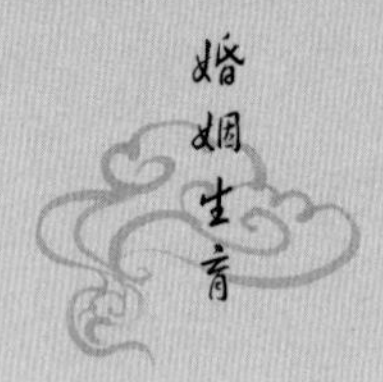

婴儿出生后第三日，称为“三朝”，要会聚亲友举行沐浴仪式，为婴儿祝福，这就是“洗三”，也叫“三朝洗儿”。届时要用艾叶、花椒等中草药烧成的热汤洗去孩子身上的污秽，本身有着卫生防病的实际意义。而作为一种仪式，“洗三”主要是为婴儿祈祥求福。据说，这样可以洗去婴儿从“前世”带来的污垢，使其今生会变得平安吉祥。为稳重起见，一般多由接生婆为婴儿洗澡，澡盆内多置花生（俗称长生果）、桂圆等物，寓意生命长久和生活圆满。在为小儿洗澡时，家中长辈一边帮忙，一边还会说一些“长命百岁”、“聪明伶俐”之类的祝福语。旧时“洗三”之日是孩子一生的重要日子，许多亲戚都会前来庆贺，在送给产妇鸡蛋、红糖等月子食品的同时，也会送小孩一些衣服、鞋袜等礼品。主人接受亲友庆贺，作为还礼，则要设“三朝”宴招待宾客。当日除了洗澡，有的还给婴儿起名。俗语云：“三朝起名，长大聪明”，但这天起的是乳名，俗称“小名”，“大名”还得在三个月后请有名望的长辈议定。

满月礼，又称为“弥月礼”，是孩子出生以后最隆重的一次庆生礼仪活动。自唐代以来民间就有为新生儿做满月的习俗。《新唐书》载，唐高宗龙朔二年(662 年)七月，皇子李旦满月，大赦天下，赐宴三日。这是关于满月礼的最早记载。喝满月酒是民间普遍流行的庆生风俗。这一天，受邀的亲朋好友都带有礼物前来庆贺，礼物多以小儿用品为主，包括玩具、衣服、饰品等；主人则设宴款待，称为满月酒。小孩满月时，还要第一次剪理头发，俗称剃胎发，据称可为孩子赶走厄运。当然，满月礼剃胎发也是象征性的，因为婴儿脑门还未长全，所以只是剪一下胎发而已。一般是请理发匠上门，理完后给赏钱。剃头时，有的额顶要留一撮“聪明发”，有的脑后要蓄“撑根发”。剃下来的胎发则需小心收藏，有的用红布包好，缝在小孩枕头上，有的用彩纸包后挂在床上，都是为了辟邪。

民间风俗，坐月子期间，婴儿与产妇都有许多禁忌，不能随便外出走动。满月后，这种禁忌约束解除了，母亲可抱着婴儿到别人家里串门，旧时称为“移窠”。宋吴自牧《梦粱录·育子》：“浴儿落胎发毕，以发入金银小合，盛以色线结，络络之。抱儿徧谢诸亲坐客，及抱入姆婶房中，谓之移窠。”目的是让婴儿象征性地见见世面，将来好有出息。现在，婴儿满月时，家长都会为孩子照相，有的还用婴儿的胎发制成毛笔，还有的为孩子留下小脚印、手印，并制成精美的画册保存以作纪念。

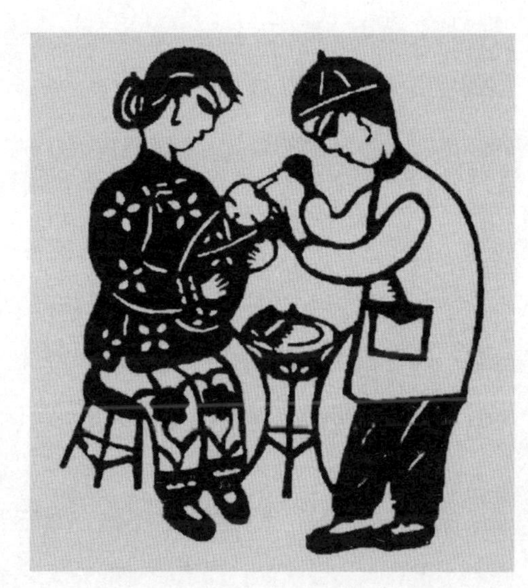

满月剃头（剪纸）

引自《大中国上下五千年：中国礼仪文化》编委会编《大中国上下五千年 中国礼仪文化》，外文出版社，2010年11月，第108页。

百日礼，是婴儿出生后一百天举行的庆祝仪式，古代原称“百晬”，又称“百岁”、“百禄”。《东京梦华录》云：“生子百日置会，谓之百晬。”胡朴安《中华全国风俗志·京兆》中说：“一百日后，名曰百禄，请客与满月时同。”在传统观念中，“百”是一个重要的数字，象征多

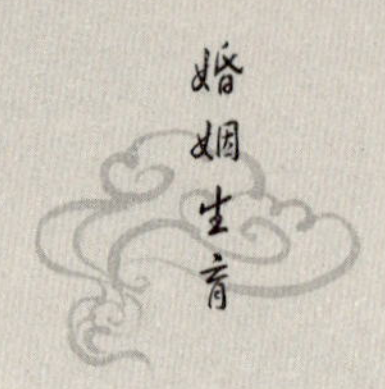

福，百日礼的关键就在于一个“百”字，含有圆满、完整、长命百岁的意味。所以，举行“百日礼”主要是在“百”字上做文章。过去医疗条件简陋，婴儿出生后死亡率相当高，过了百日似过了一大难关，被认为有了新的生机。按照传统的习俗，这一天要为婴儿穿“百家衣”、戴长命锁。所谓“百家衣”，就是用向各家讨来的零碎花布缝成的衣服，父母认为需要托大家的福，孩子才会平安长大；长命锁是挂在小孩脖子上的一种装饰物，用以辟灾去邪，“锁”住生命，一般都要戴到十岁以上。当然，这一天也少不了要喝喜酒、吃喜面，亲朋好友欢聚一堂，庆贺孩子健康成长。

婴儿出生一周岁，俗称“纪岁”，按例要举办第一次生日礼仪，这就是周岁礼。它兴起于魏晋南北朝时期，流行于唐宋，至今依然保存。与三朝、满月、百日礼相比较，随着小孩的成长，周岁礼具有一种更为独特的意义。这一天不仅要设宴请客，还要进行一个“抓周”的仪式。“抓周”就是让孩子任意抓取东西，以抓到的东西来预测其未来前途。

古代“抓周”也叫“试儿”，至晚在南北朝时已出现，《颜氏家训·风操》篇对当时江南流行的“试儿”风俗就有记载。一般按男女有别置放物品，男孩多用书册、纸笔、算盘、印章等物，女孩则用刀尺针缕之类的东西，再配上一些食品、玩具，一起放到孩子面前，通过抓取的物品来检验他未来的爱好和前程。若抓书册、纸笔，象征孩子长大后善于读书学习；抓算盘则小孩长大后会经商；抓取印章的长大后会当官；男孩若抓取粉盒或梳子等，则预示将来不会有出息。《红楼梦》第二回写贾宝玉“抓周”，其他物一概不取，伸手只抓些脂粉钗环，惹得他老爹贾政当即发怒说：“将来酒色之徒耳！”这一习俗，仅以一种偶然接触对小孩未来作出必然判断，自然是不科学的。不过它显示了父母对儿女的期望，是对生命延续的祝愿，因此也不同于一般迷信活动，可作为一种有趣的家庭游戏，以助孩子周岁欢乐。所以，现在不少地方当孩子满周岁时，仍有这一保留节目助兴。

经过了这一系列庆生礼仪的环节，人们对一个新生命的迎接过程，才算完成了。

【“祝”颂与祝寿】

中国人过了50岁，以后逢十的生日就特别重要，俗称大寿。届时，除了张罗丰盛的酒筵相庆，还少不了要准备许愿祝福。亲戚朋友纷纷奉送贺礼，也有说不完的美好祝愿：“祝你生日快乐！”“祝你福如东海，寿比南山！”“祝你万事如意！”“祝你全家幸福！”这都是最常用的祝寿贺辞。一个“祝”字，表达了人们心中的美好愿望，但你是否知道它的原意是什么吗?

“祝”是一个会意字，其本字为兄。“兄”字甲骨文写作，像一个人面朝左跪地向天祈祷，本义是向苍天祷告，祈求赐福。当“兄”的这一本义消失后，甲骨文又作或，即“祝”字，在左面再加(示)，表示神灵。其字形在保留跪姿同时，突出人的口部而略去了头部其他器官，以强调向神灵祈祷主要是人的言语行为。金文写作，似面对神灵的人伸出双手在供奉祭品、祷告求福。篆文写作祝，右面人形发生讹变，已看不出人的形象了。《说文解字》曰："祝，祭主赞词者。从示从人口。"可见"祝"的本义是以言辞祈祷，如《战国策·赵策》："祭祀必祝之。"也就是说，每逢祭祀，必定要祈祷一番。

祭祀神灵、祈祷求福之俗源远流长。远古时，原始先民主要通过巫术祭神，而祝正是与巫同类职业者，古代多指男巫。《礼记·曾子问》："祫祭于祖，则祝迎四庙之主。"郑玄注："祝，接神者也。"祝，如何接通鬼神？按《说文》之说，祝在祭祀礼仪时的主要职能相当司仪，通过口中诵念对鬼神的赞词来从事巫术活动。

从典籍可知，春秋时代已有巫祝并称，泛指掌占卜祭祀的人。巫祝可谓上古时期高级知识分子，他们通晓天文地理人事，最重要的是还能与鬼神打交道。早期的巫祝是属于部落上层的一部分，具有祈福避邪的法术及医术，即符咒禁禳之法，可愈疾活人。后来随着社会文明的不断发展，巫祝才逐渐失去了官方的地位，沦落到民间被称为方士。

巫与祝有着密切关系，然二者还是有区别的。《周礼》中的"祝"与"巫"各司其职，大祝为祝官之长，亦称泰祝，掌六祝之辞，以事鬼神，以求福祥，其地位比巫还高。《国语·楚语下》所记"祝"的专职是："使制神之处位次主，而为之牲器时服，而后使先圣之后之有光烈，而能知山川之号，高祖之主，宗庙之事，昭穆之世，齐敬之勤，礼节之宜，威仪之则，容貌之崇，忠信之质，禋洁之服，而敬恭明神者，以为之祝。"韦昭注："祝，太祝也，掌祈福祥。"概而言之，巫的职责主要是以歌舞降神伏鬼；祝的职责是通过口诵赞词来事奉鬼神，即用言辞向鬼神祈祷求福，故需有好口才，才能以美言取悦诸鬼神。

作为古代祭神活动的司仪，祝主要是用言辞向鬼神祈祷，含有对鬼

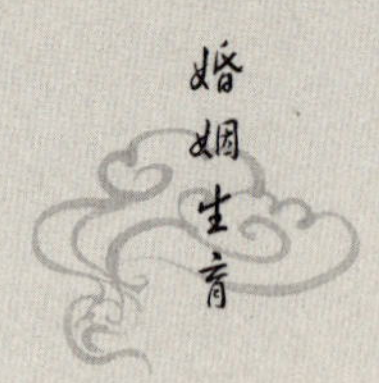

神的赞颂、感谢、告白、诉求等情意。由这种人对鬼神的“祈祷”，后来衍生出人与人之间的祝颂之意。如《庄子·天地》：“尧观乎华。华封人曰：请祝圣人，使圣人富，使圣人寿，使圣人多男子。”传说在帝尧的时候，华封人就曾对尧表达了三个美好祝愿，即祝寿、祝富、祝多子孙，合称三祝。后以“华封三祝”为祝颂之辞。

从古到今，人们都祈福求祥，盼望生命长久，并重视各种向往和追求长寿的活动，由此也形成了一直相延不断的祝寿风尚。据《尚书·洪范》记载，人有五福：“一曰寿，二曰福，三曰康宁，四曰攸好德，五曰考终命。”其中寿居五福之首，可见古人对寿命是非常重视的。在中国，祝寿这一习俗很早就存在了，后来还成了人生礼仪中的重要组成部分。《诗经·豳风·七月》有“跻彼公堂，称彼兕觥，万寿无疆”的祝寿语，表明早在春秋时期就已有祝寿的风气。

黄地青花跃龙捧寿纹六方瓶

引自谢天宇《中国瓷器收藏与鉴赏全书（上卷）》，天津古籍出版社，2003年5月，第141页。

何谓“寿”？“寿”字甲骨文写作[oracle-bone glyph]。[glyph]表示无限延伸；其中[glyph]、[glyph]（夕），即“肉”，代身体。其本义是生命不断延续，活得长久。《说文》：“寿，久也。”《广韵》：“寿，寿考（同老）。”《篇海类编》：“寿，老年也。”就此而言，祝寿是根据寿者年龄不同而有不同规格和形式的庆贺活动，这与我们一般过生日是有很大区别的。中国自古就有尊老敬老的传统，给老人祝寿是其主要的表现形式之一。

按传统习俗，祝寿多从60岁开始，因为60岁以下的一般不能称寿，60岁以上者方能称寿。这里涉及对“寿”的概念的理解。当年庄子把人的寿命分为上中下三等：“人，上寿百岁，中寿八十，下寿六十。”（《庄子·盗跖》）不过，庄子文章多寓言故事，不可循名责实。而《吕氏春秋·孟冬纪第十》曰：“人之寿，久之不过百，中寿不过六十。”按中国古代的生活和医疗条件而言，不管是中寿还是下寿，人能活到60岁已属不易，故民间有“六十花甲子”之说。中国古代以天干地支组合来计算年份，满60年为一周期，即一个甲子。在古人看来，一个人活到六十已不易，后面就是尽享“天年”了。作为子女庆幸自己的父母长寿，自然要有一番热闹的庆祝活动。

祝寿，又称拜寿、贺寿、庆寿、做寿等，多由家里子女后辈操办。名义是重视年龄整数，祝贺逢十的生日，如60、70、80等，而习惯却以虚岁计算。民间祝寿向有“做九不做十”之说，如老人过60岁寿辰，并不是整60岁才做寿，而是提前在59岁做。这一习俗与民间对数字的迷信有关。一是“十”意味着满，满则溢，有着到头见底的意思，若做了整十岁的生日，似乎就将寿做完了；二是“九”为民间最尊、最大的数字，有长久之意，希望从做寿之日起老人越活越长久。

在所有的整生日中，庆祝60岁生日无疑是最为特殊的。对寿星而言，

这是人生第一个大寿，而且老人儿女均已成家立业，家庭经济一般也较前宽裕，所以民间特别重视庆贺这一花甲寿诞，礼仪比其他的寿辰也更为隆重。旧时祝寿，一般人家都要设寿堂，亲戚朋友要向寿星送寿礼，还要举行一定的拜寿仪式，置办寿筵喝寿酒、吃寿面。由于家庭经济状况的差异，祝寿的规模不尽相同，但不论形式繁简，皆表达了儿女祝福老人长寿的美好愿望。现在家庭祝寿活动经常放在宾馆、饭店举办，场面更加隆重而有气派，虽多花了钱，但节省了儿女小辈的大量精力。

百寿图

周佳《中国最美剪纸》，湖北美术出版社，2013年1月，第13页。

除了整生日祝寿，家里老人平时也要过生日，其中66岁被认为是人生历程中的一个关口，因此过生日也较为讲究。过去江浙一带有这样的风俗，凡遇家中父母66岁生日时，做女儿的要特意准备66块猪肉（实为肉丁），让父母一餐吃完，取六六大顺之意；一说表示将灾祸转移到猪肉身上，这样父母今后便可以太平无事。另外有些地方，女儿还要为父母买红色衣裤、腰带，作为送给父母的生日礼物，明显含有以正压邪、以吉驱凶的禳解意蕴。

随着社会的进步和人民生活水平不断提高，国人寿命也大大延长。有一首顺口溜说得好："七十小弟弟，八十多来兮，九十不稀奇，百岁古来稀。"从过去诗圣杜甫感叹的"七十古来稀"，到如今"百岁古来稀"，现在老人比古人长寿已平均不止30岁。寿星越来越多，标志着中国已进入一个老年化社会。与此相应，祝寿的寿筵当然也会水涨船高，一般是寿龄越长，寿筵越丰盛，礼仪越隆重。和婚宴一样，时下各大饭店的寿宴也正越来越红火。

丧葬祭祀

【“死”的忌讳】

生活中，每个人都会不可避免地遇到死亡的问题，但出于对死亡的忌讳，许多人往往都不愿谈起，或把它当作一件唯恐避之不及的事。之所以如此，也并非他们全都贪生怕死，而是与传统观念和习俗的影响有关。

就像自然界花开花落，人同样有生老病死。一切有生命的事物，无不是经过孕育、出生、成长、成熟、衰老直至死去。死亡是一个人的最终归宿，当人从诞生的那一刻起，便一步步地走向死亡。从某种角度而言，人来到这个世上，只有一件事情是可以马上肯定的，那就是将来会死。面对这个自然规律，我们无法回避，也无法改变，只能积极应对。

“死”字在甲骨文写作，其构形包括三个部分：左面是一跪着的人；右上角（口），表示号哭；右下角（歹），一般认为是尸骨的形状。造字本义是生者面对死者遗体痛哭哀悼，引申为人死亡后形体与魂魄的分离。甲骨文亦有作𣦵，除字形左右结构互换，还省去上面口（口）。金文写作𣦵，左边仍为尸骨，右边的人不是下跪，而是站起来了。小篆大体承续金文字形，写作𣦵。隶书作死，将篆文的人（人）误写成匕（匕），即倒人之形，变成“歹”与“匕”合成的字。

明清时期年画中引魂童子将之魂带过七殿八殿

引自《大中国上下五千年：中国礼仪文化》编委会编《大中国上下五千年 中国礼仪文化》，外文出版社，2010年11月，第148页。

《说文解字》曰：“死，澌也，人所离也。从歺，从人。凡死之属皆从死。”《列子·天瑞》曰：“死者，人之终也。”人死了，当然什么也不知道了，但是会给活着的家人带来痛苦。因为人是作为社会的一分子而存在的，其死亡也绝不仅仅是他个人的事，会对原有的社会关系特别是家属亲人产生影响。

对这个“死”字，中国人都觉得不吉利，有人甚至根本就不愿去想任何跟它有关的事。中国人往往执着于现实的生活，对于死亡似乎讳莫如深，或采取存而不论的策略。孔子的名言“不知生，焉知死”（《论语·

先进》），表面很洒脱，实际带有稍许回避的意味。他告诫弟子，人应当把注意力投入现世的生活，在世俗生活中体现生命的尊严，而不要过多去考虑死后的问题。后来，一切与死有关的东西和词语，逐渐都成了人们现实生活中的忌讳。

古人对“死”有许多讳称。他们或按照人的身份、地位，或根据相应的感情色彩，给不同人的“死”冠以不同的名称，只有平民之死，才可直言不讳地通称“死”。《礼记·曲礼》曰：“天子死曰崩，诸侯死曰薨，大夫死曰卒，士曰不禄，庶人曰死。”这从西周一直到唐宋都是如此相称，唐宋以后，普通百姓死了，才敢称“卒”。古代君王至高无上，连“死”也有许多专门讳称，用得最多的就是一个“驾崩”，意思是君王的车驾崩坏了。其他还有“山陵崩”、“崩殂”“晏驾”、“宾天”、“千秋”、“百岁”等。

在特定的场合运用讳称，可以委婉地表达对死者的尊敬和对死者亲友的同情。就以古人吊唁而言，虽然都是表达同一意思——死，但是不可直言，只能选用讳称来代替。如亡、故、卒、殁、殂、弃世、过世、逝世、溘逝、就木、殒命、千古、永诀等。死于意外事故的，叫遇难或丧生；为国家而死的，叫牺牲、捐躯、殉国、殉难；未成年而死的，叫殇、夭亡、夭折；享有高龄而死的，叫归天、仙逝；平安地老死在家里，叫寿终正寝。父母死，统称见背、孤露、弃养，而称父亲之死为“失怙”、母亲之死为“失恃”。受道教和佛教观念的影响，对“死”的讳称，又有羽化、登仙、仙游、厌世、涅槃、圆寂、坐化、示寂、入冥、归净土、上西天等。总之，古代“死”的讳称相当复杂，时代不同，名目也不尽相同。

在所有的民俗禁忌中，死亡无疑是最令人恐惧和反感的，因而人们害怕听说或接触到有关死亡的事情，特别在逢年过节、婚姻嫁娶、修屋建房等重要的喜庆活动时，更是刻意回避。古代有“凶冲喜”的说法，且流行甚广。当婚娶时偶遇送丧的人，被认为很不吉利，是凶事对喜事的破坏，所以叫“凶冲喜”。如果事先知道会遇上办丧事的，就一定要换一个时日迎亲。同样，孕妇不能接触丧葬方面的任何东西，即便孕妇是丧家亲人，也要避开丧事。如果接触了，就会对胎儿不利，因为孩子未生就去送葬是不吉利的。迷信者还以为接触过丧葬事物，阴魂会附在孕妇身上，使胎儿受害。

古代穿孝服的人

引自白东升主编《中华传统文化书系：服饰文化》，内蒙古人民出版社，2008 年 10 月，第 180 页。

中国人在日常生活中很少穿纯白、纯黑的衣服，而在过年、过节时更是如此，因为白与黑在颜色中为凶色。古代黑、白两色都与死人之事相关联，或能令人想起阴间的勾魂鬼——黑无常、白无常来。现在举办丧事，都戴黑纱，佩白纸花，也还有穿白色丧服的。所以这两种颜色很容易使人联想到丧葬之类不祥之事，因而一般人忌讳穿着，包括在服饰方面也有所顾忌。

古人不仅忌讳说“死”，连与“死”相关的事物也同样忌讳，要改用相

应的委婉语来代替。我国古代的丧葬方式有很多种，民间以土葬为主，其中人死后入棺称“就木”，埋入土中下葬叫“入土”，又称棺材为“寿木”、“寿材”，称死人穿的衣服为“寿衣”或“长生衣”。与“死”相联系的坟墓当然也在忌讳之列，但名称上也有等级差别。皇帝的坟墓称“陵”、“陵寝”，妃子之墓称为园寝，而老百姓的坟地只能叫“冢”、“丘墟”等。

古人的这种忌讳，即使到了现代还依然存在。在日常生活中，人们不但不许直接谈“死”字，甚至和“死”相近的谐音也要避得远远的。如选电话号码、车牌号码，“4”这个数字肯定是最不受欢迎的，在选择喜庆大事的日子时更要跳开它。出于无奈，2003年3月，北京市车辆管理所就在全国率先推出“尾号无4”的举措。同样，送人礼物也有这个讲究。在给老人送礼时，千万别送钟，因为钟与“终”音同，你送钟，不是在咒他吗？而去医院探望病人，所送礼品中不能有苹果，因与“病故”谐音。还有办保险时，有些客户忌讳提到“死”的话题，其实他们并不是不认同保险（给家人买保险本是为了更好的“活”），而是在传统的血脉里就有这样的迷信，觉得谈“死”会不吉利。因而所有保险品种里，死亡险可能是最难推销的。这与中国人的“说凶即凶”、“说祸即祸”的忌讳心理有着直接的联系。

然而，在现实生活中，当人与人交流时，“死”这个字还是会不经意间随口而出。如好朋友久别重逢，就会说“我想死你了”；恩爱夫妻为表达爱意，常说“我爱死你了”，还昵称对方“死鬼”；小孩摔一跤，妈妈就会说“心疼死我了！”还有那些用来表示忠诚可信的词，好多也与“死”沾边，如“死党”、“死忠”、“死心塌地”、“死而无怨（悔）”等。更有意思的是，人们为了形容自己喜怒哀乐的感情，竟然也离不开“死”字，如“笑死人了”、“乐死人了”、“愁死人了”、“急死人了”、“气死人了”、“伤心死了”……由此看来，人们对“死”的忌讳原也是有一定限度的。

用现代思维来观照死亡，它很简单，又很复杂，有死才有生，有生才有死。一个人，只有真正理解了生命的意义，才能正确地面对死亡，不必为此而恐惧哀叹。同样，当我们意识到死亡并对其进行思考，是真正感受生活的开始，也就不会再有那么多忌讳，而是学会去坦然面对。这样，才能更好地对待生命，更好地去热爱生活。

〖喜“丧”〗

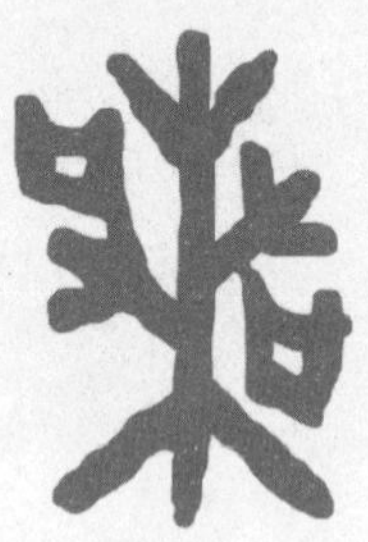

电影《大腕》，原名《大腕的葬礼》，讲述了一个带有黑色幽默的喜剧故事。国际知名大导演泰勒来到中国拍摄影片《末世皇朝》，与下岗的中国摄影师尤优成为好友。有一次，尤优告诉泰勒，中国老人去世通常称为“喜丧”，葬礼会搞得很热闹。泰勒听了很感兴趣，说希望自己将来也能有一个这样的丧礼，并将自己的丧礼授权给尤优办理。后来泰勒意外昏迷，命悬一线，尤优因受其所托，开始真的为这位大导演筹办丧礼，并将由电视向全球直播。岂料泰勒突然醒来，于是，这场荒诞游戏最终不了了之。当闹剧结束后，尤优进了疯人院，因为他的大腕梦随之破碎了。

在中国古代“五礼”（吉礼、凶礼、军礼、宾礼、嘉礼）中，丧事本列为凶礼之首，主要是“哀死亡”的，那么，老人去世怎么会与“喜”发生联系呢？这还要从“丧”字说起。

“丧”的繁体字是喪，其甲骨文字由桑树树形和两个口组成，写作，是在（桑树）上加两个（口），中间的“桑”为声符，两个“口”为形符。甲骨文“丧”字亦有三个口的，写作。“丧”从桑声是很清楚的，但对其字义有不同理解。一说是以口表示蚕食桑叶，古代以“桑榆”喻日落，丧字从桑，有表示人至末日之意。一说是为死人铺上桑叶，已有哭丧之意。徐中舒《甲骨文字典》解释：“从从数口，象桑树，口象采桑之器，借为丧亡之丧。”古代丧葬有用桑为死者束发的习俗，《礼记·士丧礼》：“鬠笄用桑。”“丧”字金文发生讹误，写作，下部从“亡”，已看不出造字本义。小篆承续金文字形，写作。楷书写作，俗体楷书作，将正体楷书的两个“口”简化成两点。“丧”的本义是丧失、丧亡，如《韩非子·五蠹》：“偃王行仁义而丧其国。”后引申为死亡、丧事。

远古人类并没有安葬死者的习俗，当然无丧礼可言。《说文解字》曰：“丧，亡也。从哭从亡。会意。亡亦声。”亡有逃亡、离开之意，原始先民不知道自己亲人的死亡是去了哪里，他们或认为这是亲人灵魂的一种逃亡。当原始先民产生灵魂不灭观念以后，这种观念让生者与死者仍有着情感间的联系，才开始懂得埋葬死者，并举行各种仪式安抚亡灵。到春秋时，周王朝已形成了一整套用于王室贵族的丧葬礼仪，其规格、等级、程序等都极为详尽而严密。譬如在程序上，就有小殓、大殓、报庙、出殡、安葬、祭七、守丧等具体规定。

对死者表示哀悼并以一定的方式为其举行丧礼，这是人类社会文明的特征之一。从历史渊源来看，传统儒家所强调的“礼”，一个重要的组成部分就是丧礼。当年孔子反对“居上不宽，为礼不敬，临丧不哀”（《论语·八佾》），主张“丧事不敢不勉”（《论语·子罕》），认为“三年之丧，天下之通丧也”（《论语·阳货》）。后来孟子甚至说：“养生者不足以当大事，唯送死可以当大事。”（《孟子·离娄下》）

孔子像

引自姚晓华《中国名人速读》，光明日报出版社，2010年1月，第32页。

受儒家传统孝道思想影响，中国人是世界上最重视丧礼的。儒家倡导“慎终追远、民德归厚”的价值理念。“慎终”即为丧葬礼，“追远”是指祭祀礼，意谓对死者的送终之礼能谨慎，并在将来不断追思，这样可使社会道德趋于敦厚。从这一意义而言，丧礼虽因死者而办，但更多的却是为了生者，通过对死者后事的隆重安排，可使生者的社会秩序得以更加稳定、和谐。故荀子《礼论》曰：“丧礼者，以生者饰死者也，大象其生，以送其死，事死如生，事亡如存。”

汉族传统礼俗，父母丧亡，儿女在外的必定要奔丧，以料理丧事，否则即为不孝。亲朋好友前来哀悼、祭奠死者，称之为“吊丧”。丧事期间，奔丧、吊丧者均要穿丧服。古代丧服按血缘亲疏的不同，分斩衰、齐衰、大功、小功、缌麻五种，俗称“五服”。丧服原用粗、细不同的麻布制成，这就是所谓的披麻戴孝，近代丧服则多改用白布制成。

在丧事的操办过程中，后世民间还深受道教、佛教的影响。我们至今仍可看到，一些地方的丧礼，既有传统的披麻戴孝，也有佛教的诵经超度、道教的鬼魂迷信，三者往往融为一体。都说人死不能复生，但由于灵魂不灭观念的存在，人们并不认为死者已与自己永远诀别了，而是还会和生前一样有各种要求，有他的喜怒哀乐。所以，活着的人要尽量满足其要求。比如每年清明、冬至上坟祭扫，除了送纸钱，还要送吃喝；或逢年节、忌日在家里供设祭品。这种事死如生的心理在丧葬礼仪的各个阶段都有表现。

地藏菩萨
引自诺布旺典《息灾本尊图文大百科》，紫禁城出版社，2009 年 12 月，第 184 页。

生与死，从来是连在一起的。两千多年前，庄子丧妻，不哭而歌，认为死和生是一样的，体现了道家对生死的一种达观态度。同样，民间对生死也有旷达的一面，就是把丧礼分为悲喜两种。若是非正常死亡，如小孩

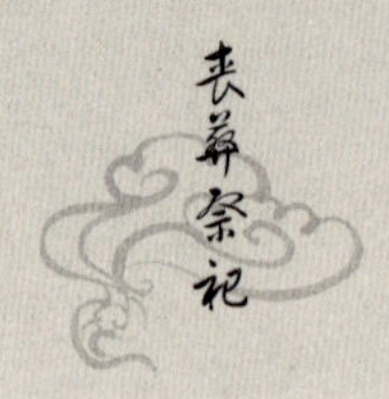

夭折，或中年早逝，那就要突出“悲”的主题，整个丧礼需得体现大悲大痛。而一个人若能寿终正寝，这是一种令人羡慕的死亡方式。所谓寿终正寝，是指年纪很大的人老死在自己家里，如同油尽灯枯般地无疾而亡，而且能在家中正室咽气，死得没有痛苦不说，还能给家人带来体面和荣耀。这样的丧事就被称为“喜丧”，或叫“白喜事”。

“喜丧”的说法由来已久。徐珂《清稗类钞》“丧祭类”载：“人家之有丧，哀事也，方追悼之不暇，何有于喜。而俗有所谓喜丧者，则以死者之福寿兼备为可喜也。”原来，民间所谓“喜丧”，是要“福寿兼备”或称“福寿全归”，即全福、全寿、全终，如果不能兼备所有这些条件的，则不能算作“喜丧”。

全福，是指死者生前家庭人丁兴旺，形成了一大家族（最好四世同堂），自己又是这个大家族的家长。老人圆满地结束了一生，临终有儿孙绕膝，举行葬礼时，家里小辈非但不会悲伤，反而要设宴相庆。

全寿，指死者高寿，一般起码超过古稀之年（七十岁），而年寿越高，越符合“喜丧”的条件，故其又称为“老喜丧”。若满八九十岁，甚至突破百岁大关的，则更加功德圆满。

全终又称“善终”，意为老人安详地结束了一生，临终不受任何病痛的折磨，即无疾而终，自然老死。对此，家属就不应该悲伤了，因为老人阳寿享尽，现在是去天国享福了。

旧时生活质量差，人的平均寿命短，能符合上述这些条件的自然少之又少，故家有这样的老人寿终正寝，才谓之“喜丧”。虽然举办丧事时也有嘤嘤哭声，但丧礼的主题分明有着喜的气氛：家人除了设丧宴款待亲友，在邻里间分发糖果，有的还要请戏班子搭台唱戏。

上了年纪的人无疾而终属于“福寿全归”，遇有这样的“白喜事”，一些地方还流行“偷碗”的风俗。许多赴丧宴的人，会将丧户家中招待用的饭碗悄悄带回家，取“盛福寿回家”的吉兆，甚至还有直接上门索取的。因为这样的碗是寿碗，据说可带来“寿气”，让用碗的人也长命百岁。回去后给大人用，会招财添寿；给小孩用，则能避邪免灾。

还有一个细节，体现“喜丧”与其他丧礼有所不同。传统丧礼崇尚白色，白孝服、白纸钱、白挽联，以寄托对逝者的哀思，而在一些地方办“喜丧”时，那白衣黑纱上面会缀有一红布条或小红花，东西虽不大，但作为一个标志，还是很醒目的。有了它，那气氛似乎就不那么压抑，甚至还透露一点喜气。

“喜丧”习俗在民间广泛流行，自有其一定合理的内涵。从亲情角度而言，老人故去会给家人带来痛苦，“喜丧”不可能真的是喜，但亦不应过于悲伤。因为生老病死乃自然界新陈代谢的规律，何况逝者若真有灵魂的话，他们在天堂应该是很快乐的！

【“葬”的选择】

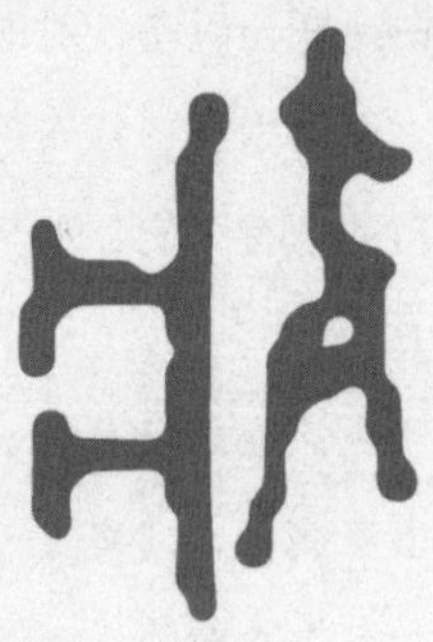

“死去何所道，托体同山阿”。这是东晋大诗人陶渊明《挽歌》之三中的诗句，诗人在表达对生命豁达感悟的同时，也传递出民间对“入土为安”习俗的推崇。

中国人一向重视“入土为安”，出于这种观念，将人的遗体交付给大地，便成为生者尊重逝者的最佳选择。即使现已多年实行火葬的地区，人们还是习惯把死者骨灰埋入地下。不少人为了表达对逝者的孝心、爱心，往往不惜重金争相厚葬，对墓穴贪大求全，且有相互攀比之风蔓延。于是，殡葬用地日趋紧张，出现所谓死人与活人争地的现象。据民政部 2013 年 3 月发布的《中国殡葬事业发展报告》称，我国多数省份墓穴 10 年内将用完。近年来，许多城市的墓地价格疯狂飙升，每平方米单价甚至超过当地房价。这里面固然有殡葬业市场垄断暴利的因素，但更主要的是与人们头脑中传统的殡葬观念分不开。

“葬”字甲骨文写作[古文字]。左边[古文字]（爿），在古文字有用作床板的意思；右边[古文字]（歹），表示逝者尸骸。造字本义是将尸体停放在床板上。金文承续甲骨文字形，写作[古文字]。篆文作[古文字]，字形变化较大。上下两个[古文字]（艸）合在一起为“茻”，可以认为是草莽之“莽”的初文，表示稠密的草丛；中间[古文字]（死），表示尸骸；[古文字]，表示席子之类。篆文[古文字]表示人死后，用席子将死者包裹或垫放，再用野草加以覆盖。原来，上古时人死后既不挖坟墓，也没有礼仪，仅用草席包裹藏于野外而已。

悬棺
引自杨树帆《悬棺悬升之谜》，《中国西部》，2001年第6期。

《说文解字》曰：“葬，藏也。从死在茻中。一其中，所以荐之。”荐的繁体是“薦”，即草席、草垫。《说文》用声训的方法把“葬”字的意义解释为“藏”，就是把尸体隐藏起来。“葬”作藏解，许慎是有所本的。如《礼记·檀弓》：“国子高曰：葬也者，藏也。藏也者，欲人之弗得见也。是故，衣足以饰身，棺周于衣，椁周于棺，土周于椁。”又《荀子·礼论》：“故葬埋敬藏其形也。”一个“葬”字，形象反映了古代殡葬的习俗。

殡葬是人类对死者遗体进行处理的文明形式，也是社会发展到一定阶

段才出现的一种文化现象。远古时期，人死以后并不埋葬，而是在死后就地抛弃尸体。如《周易·系辞下》曰："古之葬者，厚衣之以薪。葬之中野，不封不树。"所谓"厚衣之以薪"，也就是用树枝杂草加以掩藏的意思。《孟子·滕文公》亦曰："盖上世常有不葬其亲者，其亲死，则举而委之于壑。"随着社会生产力的发展，人类开始产生了灵魂观念，认为人的死亡是灵魂离开了肉体，活着的人要把死者的肉体保护好，这样，死者灵魂就不会作祟降祸。因此，这种对死者肉体的保护，就是早期人类的丧葬礼俗活动。

在我国历史上，虽早有火葬、水葬等其他葬法，但一般多以土葬为主。"入土为安"是生者处理死者的传统丧俗，即把死者的遗体或遗骨、骨灰掩埋在泥土里。这种习俗缘起于灵魂信仰，但其成为我国传统的殡葬礼俗，又与中国人根深蒂固的崇土意识分不开。我们的祖先一直以农耕为业，把土地视为人生的根本，并由此形成"入土为安"的观念。《礼记·祭义》："众生必死，死必归土。"《吕氏春秋》卷十："孝子之重其亲也，慈亲之爱其子也，病于肌骨，性也。所重所爱，死而弃之沟壑，人之情不忍为，故有葬死之义。""入土为安"的习俗，体现了中国人对生养自己故土的眷恋，他们要求死后有一块墓地，否则被认为是"死无葬身之地"，将会影响到来世轮回。因此，入土便是灵魂最终的归宿，及早把死者入土下葬，也是生者对死者的最大尊敬。这样，才可以让亡灵在九泉之下安息。

旧时传统土葬讲究重殓厚葬，并且夹杂着许多迷信的色彩。汉族自古盛行棺木土葬，葬礼隆重而繁杂，大致分殓、殡、葬三个阶段进行。殓，就是给死者沐浴更衣后下棺，这一习俗至今还保留在各地的丧葬礼仪中。殡，就是入殓后停柩供亲朋好友吊唁，时间长短不一，现在一般为三五天。葬，就是掩埋死者遗体，即棺木入土。旧俗入葬前往往还要请风水先生看风水、择坟地。送葬又叫出殡。送葬时，通常由“孝子”在前执绋，挽柩者唱挽歌，亲朋好友写挽词或挽联送葬。到近代，原来挽歌已演变为哀乐，直接送挽词或挽联则演变成送花圈，再在花圈上写挽联。葬礼以后，又有做七、断七、百日、周年等追悼仪式。

实施土葬，先要把死者安置在棺中，然后放入土坑，再用泥土覆盖。这个埋棺之处叫墓，也称茔。坟墓是土葬的重要标志，被看作人生的最后归宿地。我们知道，墓穴都在地面以下，但下葬后还要堆起一个土丘，这个高出地面的土丘就叫做坟头。“坟”、“墓”二字，在意义上既有联系，又有区别。《说文》：“墓，墓丘也。从土莫声。”“坟，墓也。从土贲声。”从字形分析，这二字都与土葬墓穴有关，但“墓”与“坟”是有所不同的。按古人说法：“土之高者曰坟，葬而无坟谓之墓。”（《礼记·檀弓》）据《史记》、《汉书》等文献记载，东周以前的土葬是“墓而不坟”的，即没有坟头；“墓而坟”，传说是由春秋时期的孔子开始的。

《礼记·檀弓》有一则孔子寻找父亲墓地的故事，说明了在墓地上垒坟的缘由。孔子三岁丧父，成年后，他要为父母修合葬之墓，却找不到父亲原来墓地，后来费尽周折才找到。孔子认为，后人祭祀祖先是必要的礼节，为了方便以后的祭祀、悼念，他就在父亲的墓地上培土垒坟作为标志。并说：“古也，墓而不坟，今丘也，东西南北之人也，不可以弗识也。于是封之，崇四尺。”

古人在墓穴上面垒坟，最初是为了辨识墓穴，方便祭祀，后来却变成了显示墓主身份、地位的标志，墓的名称也发生了明显的变化。原来，各类土葬统称为“墓”，战国时出现了“陵”、“冢”、“丘”、“坟”等多种名称。“陵”原是高大的土山，这里用作帝王墓葬的专用词，如

秦始皇的秦陵是历代帝王最大的王陵；“冢”和“丘”也都指大土堆，用“丘”作墓葬名称的，如春秋时吴王阖闾的虎丘，战国时赵武灵王的灵丘等。秦汉以后，可以说无墓不“坟”，无论是王公贵族，还是庶民百姓之墓，都带有圆锥形坟头，不同的只是占地大小和坟头的高低。

高润墓举哀图 魏晋南北朝的墓室壁画

引自《大中国上下五千年：中国礼仪文化》编委会编《大中国上下五千年 中国礼仪文化》，外文出版社，2010 年 11 月，第 150 页。

殡葬既是一种习俗，更是一种文化传统，可以从一个侧面反映不同历史时期的社会特点和不同阶层人物的价值取向。在古代社会，丧葬礼仪不仅是为了掩埋死者尸体，也不只是体现生者对死者的悼念，通过这种仪式，儒家用来宣扬并实行“慎终追远”的孝道，统治者用来强调并维系社会等级，以达到调控社会秩序的目的。所以，中国古代的殡葬礼俗有着极为丰富的文化内蕴。

任何礼俗的形成，都有其特定的历史和文化背景，适合古代的殡葬礼俗，未必再适合现代社会。让逝者“入土为安”，这观念本身并没有错，可是“入土”是要占据相应空间的。古代地多人少，这一矛盾并不突出，但现代社会人多地少，再秉持这样的观念，不仅促使墓地价格不断走高，更使得生态环境日益恶化。可喜的是，近年来，不少地方实施海葬的殡葬方式，并逐步加以推广。据有关报道称，目前上海市的海葬人数正以每年10%的速度递增，截止2013年底，全市已举行骨灰撒海仪式234次，共撒海骨灰2.77万具，节约土地125亩。继海葬之后，社会上又陆续推出树葬、草坪葬、花葬等形式，这些都属生态殡葬，是实现节约土地与保护环境相结合的殡葬方式。这样的殡葬方式，既符合“入土为安”的传统观念，又能为后代、为地球“减负”。当然，要让这种方式真正能被人们所接受，还需有一个继续推广的过程。

由此可见，“葬”的选择，也是一个关涉社会民生的重大问题。

〖丧礼之“奠”〗

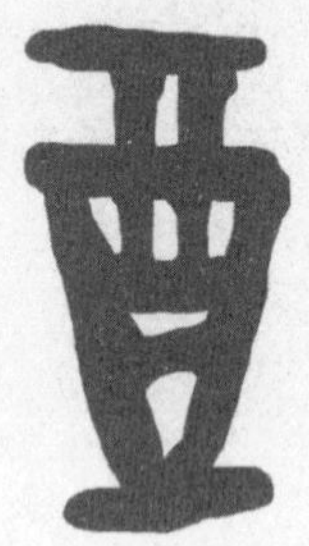

当一个人走完自己人生旅途，最终告别这个世界时，其家属和亲人都要为他举行祭奠仪式，以哀悼亡人并寄托哀思。

祭奠先人，慎终追远，这本是我们中华民族古老而悠久的传统。按旧时丧葬仪式，都要搭设灵堂，四周饰以白布，并扎纸人、纸马，另外还要打幡、撒纸钱等。在灵堂安放棺木的正前方，通常有一个大大的“奠”字。这种习俗起于何时，目前尚不清楚。现在的追悼会仪式上，人们将花圈放在死者遗体的周围，花圈上面也都写着这“奠”字。花圈是用鲜花或纸花等扎成的环形的祭奠物，当然属于西方舶来品，而花圈中央的这个“奠”字，则完全是中国传统丧礼文化的国粹。无论是棺木上的“奠”字，还是花圈上的“奠”字，都含有哀祭的意思。

“奠”字甲骨文写作[甲骨文]、[甲骨文]等形，是在“酉”下面加一横指事符号代表地面，表示将酒坛置放于地面，其本义就是置放。而“酉”初文为酒坛形，代表酒、酒坛，“奠”从酉，故引申为设酒食以祭祀死者或鬼神。一说古人在建筑开工时用酒祭土地神，将酒洒在地上，以求居所安定。“奠”字金文写作，在表示地面的横线下再加两点，代表酒滴，有进一步明确将酒洒地祭鬼神的含义。金文有作，左面另加“三点水”，也有强调“洒酒”之意。篆文写作，将金文的误写成，又将金文（地上酒滴）误写成，像垫物架子。隶书写作，又误将篆文的写成（大）。

《说文解字》曰：“奠，置祭也。从酋。酋，酒也。下其丌也。《礼》有奠祭者。”段玉裁注：“置祭者，置酒食而祭也。礼，谓《礼经》。《士丧礼》、《既夕礼》祭，皆谓之奠。”段注所谓《礼经》就是《仪礼》，《士丧礼》和《既夕礼》是《仪礼》中的两篇，主要记载一个人从去世到下葬的全部礼仪，其中凡是说到祭的，统称为奠。如《士丧礼》：“奠脯醢醴酒。”即用干肉、肉酱和甜酒祭祀死者。这种习俗至今延续，只是祭品有所不同而已。奠由“祭祀”之义，后又引申出“敬献”意。如《仪礼·乡饮酒》：“主人坐，奠爵于阶前。”即在阶前献上美酒。古汉语中，由“奠”字组成的词语多与祭奠活动有关，如奠馔：置食物以祭；奠飨：置酒食以祭；奠献：献祭品以祀死者；奠仪：送给丧家用于祭奠的钱物。但也有例外需注意，如“奠雁”，是古代新郎到女家迎亲用的见面礼，用雁作礼表示对爱情坚贞。

《汉语大词典》释“奠”：“谓置祭品祭祀鬼神或亡灵。”古代丧礼除了对死者遗体（魄）进行处理，主要是对死者灵魂的祭奠。远古时期，原始先民普遍信仰“万物有灵”，认为死者虽已长逝，但灵魂依然还在，只要亲人供上祭品，其灵魂就会来依附。也就是说，古人把死者还当生者一样供奉。《荀子·礼论》云：“丧礼者，以生者饰死者也，大象其生以送其死也。”与丧祭礼仪对应的原是酒食祭品，于是，丧礼中把这些祭品放在地上的祭祀称为“奠”。后来，又把死者从死亡到棺柩下葬之前的祭祀也统称为“奠”，如期间有始死奠、小殓奠、大殓奠等多种名目。

祭品

引自王立娜主编《鬼神文化》，内蒙古人民出版社，2006 年 3 月，第 167 页。

古代有“五礼”，即吉礼、凶礼、军礼、宾礼、嘉礼。丧礼属凶礼，主要包括丧、葬、祭三个部分。概而言之，“丧”是规定死者亲属治丧期间的行为礼仪；“葬”是规定死者所享有的待遇；“祭”是规定丧期内生者与死者之间产生联系的祭祀仪式。三者之中，“丧”是丧礼的核心内容。丧礼之祭，具体又可分解为丧祭与吉祭。东汉刘熙《释名 · 释丧制》云：“丧祭曰奠。奠，停也。”这里所说的“丧祭”，是指从死亡到下葬以及死者神主移至宗庙的祭祀，如虞祭、卒哭祭等；卒哭祭后至丧期期满之前的祭祀，就不叫丧祭，而称为吉祭。清万斯大《仪礼商》云：“未葬之前，有奠无祭。葬之日，以虞易奠，谓之丧祭。终虞之明日，卒哭有祭，乃谓之吉祭。”虞，亦是古代一种祭祀名称，既葬而祭叫虞。从虞祭开始，对死者的祭祀就由丧祭改为吉祭，祭时不必再哀哭。

在古代丧礼中，“奠”与“祭”本是两个不同的概念，二者在程序上也有先后，不能随意置换。奠，是在地上或供桌上设置祭品，请鬼神享用。《周礼·地官·牛人》郑玄注：“丧所荐馈曰奠。”荐谓进献主食，馈谓进献副食。祭字本义是手中拿着牲肉祭祀神灵，后引指为死者祈福，是一种仪式。《礼记·檀弓下》曰：“奠以素器，以生者有哀素之心也。”孔颖达疏：“奠，谓始死至葬之时祭名。以其时无尸，奠置于地，故谓之奠也。”简言之，祭而无尸，就不能叫做祭。尸是古代代替死者受祭的活人，都从死者的孙辈中选用。朱熹《仪礼经传集解》云：“自葬以前，皆谓之奠。其礼甚简，盖哀不能文，而于新死者亦未忍遽以鬼神之礼事之也。”原来，古人是以下葬作为“奠”与“祭”的一条界线：下葬之前所有的祭祀活动通常叫“奠”，下葬以后所有的祭祀活动才叫“祭”。今人已经不再区分“祭”与“奠”的不同，统称“祭奠”或“奠祭”。过去灵堂吊唁都在下葬之前，现在的火化相当于过去的下葬，追悼会一般亦在火化之前进行，而上述棺木和花圈上的这个“奠”字，都出现于下葬或火化之前，这正是古代丧礼奠祭的孑遗。

由此，我们可以明白：奠与祭是两种不同性质的祭祀活动。奠，突出的是悲哀；祭，强调的是恭敬。奠的时候，是把死者当作生者来看待的，因为死者刚离开人世，在安葬之前，亲属哭泣无时，所以无暇过多讲究礼仪；而祭的时候，丧葬已毕，人们是把死者当作鬼神来敬奉的，所以礼仪繁缛。正如北宋陈祥道《礼书》所云：“盖丧礼，始丧而奠，则无尸，以人道事之也。既葬而祭，则有尸，以神道事之也。”由于奠时无尸，其礼仪较为简单，只要把祭品置于地或席上即可；而祭时有尸，涉及饮食之

礼，其礼仪相对就比较复杂。古代一个人死后，其亲属除了“做七”（从死者逝世之日起，每隔七天为一祭日，都要给逝者烧纸钱祭奠，一直到七七四十九天为止），按丧礼规定，其子女还要守丧服孝三年，且每年忌日都要烧纸祭奠，俗称“服三”。三周年过后，死者的子女方可脱去孝服，改穿平常衣着。至此，丧礼才算正式结束。

守孝
引自郭居敬《二十四孝图文解读》，陕西人民出版社，2007 年，第 31 页。

丧期结束后，人们还会在固定时间如清明或冬至祭祀祖先亡灵，但这已属于“五礼”中吉礼的范畴。丧礼中的吉祭与吉礼中的祭祀有一重要区别：前者是专门针对死者一人的祭祀，而后者则包括对所有先人的祭祀。过去，民间祭祖一般在正屋靠后墙的地方放置一长条桌，俗称条几，又称为祭台。平时在条几上面只放置祖宗的牌位，祭祀的时候才放置祭品，有的还要摆上酒，以供祖先享用。

传统丧葬礼俗一直延续了数千年，至今多有变迁，但敬仰祖先、寄托哀思之意是不变的。到了近、现代，随着社会文明不断发展，民间的丧葬祭奠活动早已简化了许多仪式，内容上也出现了很大的变化。如把吊丧改为追悼会，又以花圈、花篮、挽幛代替各种纸扎品，以戴黑纱代替披麻戴孝等，既方便易行，又不失庄重而肃穆。这无疑是一种时代进步的表现。

〖家“祭”漫谈〗

死去元知万事空，但悲不见九州同。

王师北定中原日，家祭无忘告乃翁。

这是陆游著名的绝笔诗——《示儿》。作为南宋伟大的爱国诗人，陆游在弥留之际，还念念不忘中原失土和人民，殷切盼望着祖国的重新统一。读这首诗，我们至今仍可感受到诗人的爱国热情是何等的强烈、真挚！

诗中提到的“家祭”，这是古人在家庙祭祀祖先或家族守护神的仪式，主要有寝祭、墓祭、祠祭等。祭祖起初是王公贵族的特权，后被纳入儒家礼教，并深入民间。唐代起家庙祭祀逐渐兴起，平民百姓也可建奉祀自己祖先的祠堂。作为一种民间祭祖的仪式，家祭之俗原从中原传入南方，到南宋时已经广泛流行了。

陆游像
引自朱东润《陆游传》，陕西师范大学出版社，2009年4月，前言页。

“祭”字甲骨文主要有两种形体，均为左右结构。早期甲骨文写作[甲骨文字形]，左边[甲骨文字形]，像一正在滴血的新鲜肉块；右边[甲骨文字形]（又），表示人的手。造字本义是手中拿着牲肉祭祀神灵。后期甲骨文有作[甲骨文字形]，在左下加[甲骨文字形]（示），代表神主，更加突出祭祀神灵之意。古人祭祀常把牲肉放在祭台上，甲骨文“祭”字就是有牲肉的祭祀，即牲祭。“祭”字在卜辞除用作地名和邦国名，主要用于祭祀名。如“乙卯卜即贞王宾报乙祭亡祸”（《甲骨文合集》22692）；“甲子卜祭祖乙又王受祐”（《甲骨文合集》27226）。金文“祭”字变为上下结构，写作[金文字形]，将甲骨文的“夕”写成[金文字形]（月）。篆文承续金文字形，作[篆文字形]，与后来楷书祭字形已基本相同。《说文解字》曰：“祭，祭祀也。从示，以手持肉。”强调

“祭”字是有肉食的祭祀。原来，先民取悦于神的祭祀活动，一开始也表现为物质的形式。

“祭”与“祀”可互训，又经常连用，但二者还是有所不同的。“祭”字就是有牲肉的祭祀，意义很具体。祭祀神灵，是需要相应的祭品的，人们既对神灵有所祈求，就要舍得拿出自己最好的东西，才能获得神灵的欢心。古汉语表示“祭祀”的字多与饮食有关，说明古代祭礼本是源于向神灵奉献食物，而在诸多祭献食物中，又以肉食为最。后来用作祭品的食物众多，但还是离不开肉食，故“祭”字会意从“月”（肉）。“祀”字甲骨文写作，金文为，左边是“示”（神主），右边是一个跪着的人，表示人跪在神灵前祈祷，意义较为抽象。“祭”与“祀”合在一起，既有祭物又有诚意，才是祭祀。在我国古代“五礼”中，祭祀被列为吉礼。

祭祀，最初是人类向神灵求福消灾的礼仪。远古先民敬畏天命，极端迷信鬼神，祭祀占卜是他们最重要的生活内容。这种敬畏神灵的心理便是祭祀行为产生的重要因素。祭祀时，人们要按照一定的仪式，以恭敬的动作，向神灵致敬或献礼。《孝经·士章疏》：“祭者，际也，人神相接，故曰际也。”祭祀原为敬神、求神，后又与祭拜祖先发生联系。无论祀神，还是祭祖，只有心意虔诚，才能体现出祭祀的意义，所以，祭祀又可谓是人的一种特殊的心理活动。对此，《礼记·祭统》曰：“凡治人之道，莫急于礼。礼有五经，莫重于祭。夫祭者，非物自外至者也。自中出，生于心也。心怵而奉之以礼，是故唯贤哲能尽祭之义。”“心怵而奉之以礼”，正体现了古人祭祀时的心理特征。

当中国进入农业文明社会后，随着物质的日益丰裕，人们逐渐将崇敬对象由神灵变为祖先，祀神色彩日趋淡化，而祭祖礼仪越来越规范。在先秦典籍《仪礼》、《礼记》中，有关祭祀的时间、仪式、程序、主持者、所用的祭品等，都有明确的规定。古人还强调“神不歆非类，民不祀非族”（《左传·僖公十年》），意谓祭祀前提是先要认祖归宗，否则祖先神灵都不会享用祭品。祭祀活动结束后，家族成员要在一起分享祭品，据说只有吃到祭品的人，才会得到祖先神灵的庇佑。

孔子当年说过：“祭如在，祭神如神在”；“吾不与祭，如不祭。”（《论语·八佾》）意谓祭祀祖先或神，就如同祖先或神真的在那里；如果不亲自参与祭祀而由别人代祭，那就如同没有祭祀一般。孔子主要强调祭祀仪式的重要性，只有通过不断地祭祀活动，神灵、祖先才能存在；如果断了祭祀的香火，神灵和祖先也就不能保佑后人了。在古人看来，祭祀是人面对天所做的神圣之事，是一种灵魂的寄托，经常或定期进行祭祀活动，人们就会自觉地按照天道去行事，自然就抑制了各种邪念的产生。

祭祀仪式

引自孙文辉《巫傩之祭——文化人类学的中国文本》，岳麓书社，2006年7月，第178页。

古代祭祀对象大致分为三类：天神、地祇、人鬼，这个“人鬼”就代表着祖先。《礼记·祭统》曰：“祭者，所以追养继孝也。”《史记·

礼书》也说：“上事天，下事地，尊先祖而隆君师，是礼之三本也。”受儒家这种孝道思想的影响，唐代起已有专门制订的家祭礼仪，规定祭祖“一岁四祭”，即“岁朝也，清明也，中元也，冬至也”（《唐会要》卷九）。其中又以清明影响最大。

清明本是农历二十四节气之一，也是中国人最重要的祭祖节日。清明之祭，主要是祭祀祖先和去世的亲人，以表达祭祀者的孝道和对死者的怀念之情。古代上至君王大臣，下至平民百姓，都要在这一节日祭祀先人亡魂。据南宋吴自牧《梦粱录》记载：每到清明时节，“官员士庶俱出郊省墓，以尽思时之敬。”清明之祭，要走出家门，到祖先的坟茔去祭奠。这种坟地，俗称“祖坟”。按照旧时习俗，每年清明节前数日，家家户户均要准备祭品纸钱。在祭扫时，人们要给旧坟清除杂草，添加新土，并供上酒食祭品，焚烧纸钱，然后叩头行礼祭拜，以示对先人的怀念。

清明祭祀的主要方式是墓祭。在墓地祭祀，离祭祀对象距离最近，可以使生者对死者的孝思亲情得到更好的表达和寄托。通过这种家祭方式传承孝道，体现了中华民族敬重先祖的人文情怀。如今，清明节已被列入国家非物质文化遗产，并从 2008 年起确定为国家法定假日，这对弘扬我国“慎终追远”的文化传统具有深远意义。清明期间，人们通过各种方式来悼念先人是人之常情，但不少地方仍沿袭着烧纸等传统祭祀方式，不仅造成财物浪费，还严重污染了环境。而在一些毗邻山林的墓区焚烧纸钱、燃放鞭炮，又极易引发火灾。故此，社会上有识之士提倡文明祭祀的呼声越来越高。如何摒弃传统祭祀中的陋习，改革旧的殡葬方式，已经成为令人关注的社会话题。

家祭，需要一定的仪式，但这种仪式也并非一成不变。譬如早期祭祀有尸祭的方式，“尸”是个活人，是代表死者受祭的人，通常由死者未成年的孙辈充当。夏商周三代都以尸代祭，后来便被神主“示”（牌位）所取代。其实，只要“祭”的本义不变，仪式可以灵活多样。近年来出现的“网祭”，即是对传统祭祀仪式的革新。网上祭祀，不光方便简捷，解决了很多远离家乡的人无法回家祭祀的困难，还以一种绿色环保的方式，成为人们祭奠逝者、寄托哀思的新时尚。

〖“巫”与巫文化〗

战国时期，屈原根据民间巫歌创作出祭神组诗《九歌》，在《离骚》中也大量运用巫歌的神话材料，驰骋艺术想象，飘游六合九州，给人以无穷神秘之感。《离骚》对理想的追求和党人的抨击，构成其思想内涵的两大方面，而其外表层面似与巫祀祭歌、咒语相同，因为诗人的愿望和诅咒恰是巫祀中祭歌、咒语的两大要素。这或可看出，作品在艺术手法上是有借鉴原始巫术痕迹的。

作为一种古老的文化现象，巫术对人类的影响是广泛而深远的。“巫”字甲骨文写作☩。⊢⊣与工交叉组合，一说像古代的度量工具；一说是古代巫师行法术时所用器物的象形，有强调智巧之意。远古部落中通神的巫师，以神秘法器祝祷神灵降福消灾。金文的“巫”写作☩，字形还没有改变。篆文写成巫，“工”的左右讹变为两个“人”形，而这两个人又像在翩翩起舞，表示女巫用形体动作请求神灵降临。《说文解字》曰："巫，祝也。女能事无形，以舞降神者也。象人两袖舞形。与工同意。"

许慎认为巫"与工同意"，那是根据小篆"巫"字作出解释的，因而把原是甲骨文中的"壬"字误作"工"字。我们看甲骨文"壬"和"工"字，它们的字形不同。壬字甲骨文作，看起来象汉字工，其实不是；而工字甲骨文为，其上部一头是丁字形手柄，其下部则是类似刀斧的刃部，可用来砍削。显然，甲骨文"巫"字是由两个"壬"交叉而成，意思应与"壬"相近，与"工"则无关系。甲骨文"壬"上下一横是分别代表天与地，中间一竖是表示贯通天地，整个寓意是沟通天地神灵的人。能沟通天地的人，在上古非巫莫属。"巫"字甲骨文、金文正是两个"壬"字交叉而成，有沟通天地四方之意。为沟通天地，是沟通四方。

从"巫"的造字本义可知，只有功力可以达到沟通天地的人，才能担任这个职业。古代卜巫又称巫师，是专门从事占卜事务的人。巫，原是男女巫师的通称，后世女巫才称为巫，男巫叫觋。《国语·楚语》载："民之精爽不携贰者，而又能齐肃衷正，其智能上下比义，其圣能光远宣朗，其明能光照之，其聪能听彻之，如是则明神降之，在男曰觋，在女曰巫。"上古时代，巫是非常重要的人物，一般由氏族部落首领或智者、长者担任。部落凡有大事，都要预卜是否吉利，由卜巫来解释卜卦的含义，以传达神灵的旨意。巫者也就是卜者，是人和神的中间人。

巫能在神与人之间交流信息，借助鬼神之力为人消灾致福，大凡一切非人力所能达到的目的和事务，人们就使用巫术预期达到，诸如降神、招魂、祈雨、解梦、医病、占星等。于是，卜巫便成为远古社会生活所不可或缺的职业。有一点可以肯定，古代的巫，其地位是很高的，因为他们是那时最有文化知识的人，确有一些别人所没有的本事，自然成了招神驱鬼的专业户。所以有学者认为，巫可谓是中国知识分子的原型，是上古精神文明的主要创造者，对中国文化具有不可忽视的作用，举凡天文、地理、历法、术算、乐舞、技艺等无不与巫术的活动有关。

巫者如何才能通鬼接神呢？其主要方式就是歌舞表演，并伴随某种被认为赋有魔力的实物和咒语。《尚书·伊训》曰：“敢有恒舞于宫，酣歌于室，时谓巫风。”孔安国疏：“巫以歌舞事鬼，故歌舞为巫觋之风俗也。”故《说文》亦称：“女能事无形，以舞降神者也。”大体而言，巫者的舞蹈是一种降神仪式，而歌辞可能就是联通鬼神的“咒语”。这种降神仪式和咒语，就构成了巫术的主要内容。

巫术面具

引自李进增《古蜀王国：三星堆和金沙遗址出土文物精华录》，宁夏人民出版社，2012 年 8 月，第 51 页。

从巫祀之术本身特征来看，祭神巫术与男女性爱关系密切，而祭祀神灵往往不失为发展人间爱情的良机。古代楚地巫风盛行，民间青年男女虽不必都待巫祀时才交往，但可借此推波助澜，因为届时用以娱神的歌、乐、舞，同时也有着娱人的作用。在这种场合，充当歌舞表演主要角色的巫师，为迎合观众心理，多为情歌情调亦理所当然。经屈原艺术加工过的民间祭歌《九歌》，大都描写神与神或神与人之间的恋爱，就能说明这道理。可以设想，《离骚》用反复“求女”作为追求理想的一种隐喻手法，也应是相当自然的。

在后人心目中，一提到巫术，就认为是一种迷信，但实际上它的内涵却有着科学的成分。千百年来，民间巫术不仅用于求福消灾，还一直被人们视为治病的良方，甚至笃信不移。对此，中国古代医学文献也有不少记载，如孙思邈《千金要方》、李时珍《本草纲目》等都有巫术治病的记录。传说历史上巫彭是中医的开山之祖。《吕氏春秋·勿躬》载：“巫彭始作治病工。”《说文》释“医”亦云：“古者巫彭初作医。”《山海经》中的“不死药”都操于巫觋之手。按古“医”字作“毉”，下部是“巫”字，可知古代巫、医本为一职，医术是后来从巫术分化出来的。而神灵的“灵”字，其繁体为“靈”，下部也是“巫”字，故许慎《说文解字》和王逸《楚辞章句》都解“灵”为“巫”。

巫术最初只是一种准宗教的现象，是企图借助超自然的神秘力量对人或事物施加影响的方术，其本质与鬼神迷信并无直接关联，但在后来因不断增加鬼神迷信的色彩，被人为妖魔化了。巫术按性质可一分为二，既有祝吉祈福时施用的白巫术（又称吉巫术），也有专门嫁祸于他人时施用的黑巫术。其主要手段亦可分为两种：一为摹仿巫术，以相似事物为代用品求吉或致灾；一为接触巫术，利用事物的部分或与事物相关联的物品求吉嫁祸。后来，巫师从原来神与人之间沟通信息的中介者，直接成了鬼神的化身，其功能也被无限夸大，能以神秘力量使鬼神附体，法力无边。有些巫师为了骗取钱财，还不惜装神弄鬼祸害一方。战国时西门豹治邺，见当地官绅和巫婆勾结一起危害百姓，便设计用河神的名义，请巫婆去通报河神，将她们统统扔到河里喂鱼，也算是为当地百姓除了一害。

随着社会的进步、科学的昌明，古老的巫术已经失去了早期存在的正面价值，退出了原来的历史舞台，但其影响至今还在。我们现在非常熟悉的一些民间风俗，实际上仍与古老的巫术有着割不断的联系；我们现在的日常社交，甚至流行文化，从更深的意义上来看，也与古老的巫术一脉相通。

端午节就是从古老的巫术活动演化而来。每年农历五月初五端午日，各地都有吃粽子、赛龙舟的习俗，这既是中国农耕社会的产物，也是交织着原始巫术的文化现象。当年，屈原含冤自沉于汨罗江而死，人们为了不让鱼虾吃掉诗人，于是抛下粽子等食物，并用巫术求诸鬼神，希望死者的灵魂回到自身之上，谓之“招魂”。千百年来，赛龙舟一直都是屈原家乡秭归最大的群众性集会，而每年端午的龙舟竞渡前，当地都要进行游江招魂仪式。“招魂”之举的巫术意义是极为明显的，这也是秭归龙舟竞渡不同于其他地方的最大特色。

屈原像

引自姚晓华《中国名人速读》，光明日报出版社，2010年1月，第45页。

像这样由巫术而逐渐演变和发展起来的民俗活动还有很多，大致不外生产、生活、礼仪、岁时、人生、信仰等方面。因此，我们如果把这种巫文化与民间巫婆神汉装神弄鬼的手段混为一谈，或一概加以否定，这本身恐怕也是一种愚昧无知的表现。

〖“卜”的演变〗

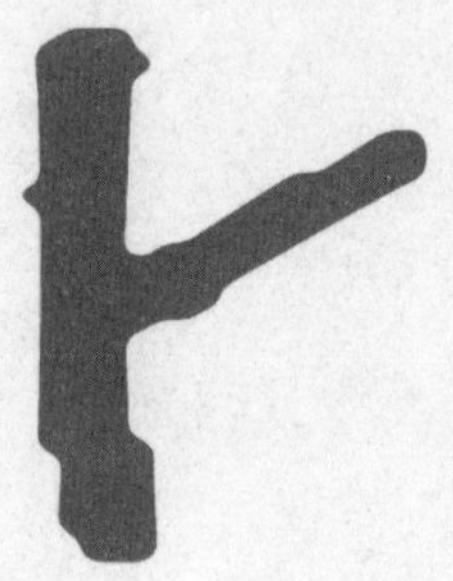

求签，是古代占卜的一种形式，在民间有着广泛的影响，即使现在各地的寺庙或道观，也大多摆有签筒供人抽签问卜。签书上的签语，常为诗句形式，内容大多模糊晦涩，一般人是看不懂的，但不管什么人问什么事，解签人都可根据卜者所求之事，随机应变地作出解释。当然，这中间不乏为骗钱而故弄玄虚的。旧时迷信者众多，生活中凡有所求，如财富、婚姻、生育或为消灾免祸，都会到寺庙去烧香拜佛并求签，以能预知吉凶祸福。

中国人占卜，原是用火艾灼烧龟壳，然后根据龟壳裂纹的分布特点来推断吉凶。“卜”字甲骨文写作卜或卜，是个象形字，像龟甲烧过后出现的裂纹形，其造字本义就是占卜。上古先民迷信鬼神，凡事必先占卜，以断吉凶。金文“卜”字作卜，表示龟壳裂纹稍有弯曲。篆文作卜，基本承续甲骨文字形，只是把原斜形的裂纹改为一横。《说文解字》曰：“卜，灼剥龟也，象灸龟之形。一曰象龟兆之从横也。凡卜之属皆从卜。”“卜”由占卜之义，后引申为预测、估量、选择等意思。

卜甲 商 河南省安阳市殷墟小屯南地出土

引自赵汝珍《古董辨疑：文博收藏工具书》，金城出版社，2010年8月，第180页。

“卜”是汉字部首之一，从“卜”的字多与占卜有关。如“占”字，甲骨文有作𠧩，字形已与后来楷体相近。上面卜（卜），下面口（口），表示卜后再用口加以解释，这就是“占”的本义。又如“贞”字，甲骨文作鼎，是鼎的象形；金文作鼑，上面卜（卜），下面鼎（鼎）。“贞”的本义也是占卜，表示用神鼎而卜。《周礼·春官·天府》：“以贞来岁媺（美）恶。”即占卜明年的吉凶。后“贞”才假借为坚贞、贞洁等词义。

《礼记·表记》曰：“殷人尊神，率民以事神，先鬼而后礼。”由于崇尚鬼神，商人凡事必先经占卜，询问神灵，待有了神示，然后才决定是否可行。这种方式，既是民俗，又是宗教。从现存大量甲骨卜辞可知，当时政治、军事、田猎、生产乃至日常生活等，都有占卜的记载。此宗教习俗到周代依然流行。据《周礼·春官》载，周王室设有“太卜”、“占人”的官职，负责卜筮吉凶，还设“龟人”专门养龟，以备占卜所用。各诸侯国也设专人主管卜筮。《尚书·洪范》：“汝有大疑，谋及卜筮。”

可见卜筮在国家事务中也具有极重要的地位。《诗·卫风·氓》“尔卜尔筮，体无咎言”，则反映了春秋时民间婚姻也离不开卜筮活动。

占卜预测是古代人类文明的一个重要组成部分，曾流行于全世界各民族的文化中，而且方法多种多样。早期的占卜和宗教密切相关，其发展都会受到民族文化心理的影响。在中国，自古就有“天人合一”的哲学思想，所以中国人认为，人事的兴衰会通过自然的变化表现出来，而这种变化都是有征兆的，可以在占卜的过程中被发现。现殷墟出土甲骨文已有 15 万片之巨，内容几乎都与占卜相关。儒家的经典——《易经》，也是古人在长期占卜活动中总结出来的专门著作。

占卜，曾是中国古人沟通人神的主要方式，通过占卜，人们可以得到神灵的启示，从而预见吉凶，作出判断。《礼记·曲礼》：“卜筮者，先圣王之所以使民信时日敬鬼神，畏法令也，所以使民决嫌疑、定犹豫也。故曰疑而筮之，则弗非也，日而行事，则必践之。”占卜需要借助一定的载体，华夏先民用得最多的就是甲骨。占卜时，人们先用刀具在甲骨上钻凿出小孔，使之在灼烧时出现兆纹，尔后由“占人”根据兆纹卜断吉凶。《史记·龟策列传》记载：“卜先以造灼钻，逢策定数，灼龟观兆，变化无穷。”最后由“太卜”将卜兆中显现的内容刻在龟甲上，通常包括卜问的时间、人名、天象、事情原委及后来的应验情况等。

古人将所卜之事或结果刻在甲骨上，所以甲骨文又称卜辞。一条完整的卜辞一般由四部分组成：（1）前辞，记占卜的时间、地点和占卜人名；（2）命辞，即卜问之事；（3）占辞，记兆文所示的占卜结果；(4) 验辞，记事后应验结果。例如：

“戊子卜，㱿贞。帝及四月令雨？帝弗其及今四月令雨？王占曰：丁雨，不叀辛。旬丁酉，允雨。”（《甲骨文合集》14138）

这是一条完整的卜辞。其中“戊子卜，㱿贞”为前辞，“戊子”是占卜日子，“㱿”是卜人名。“帝及四月令雨？帝弗其及今四月令雨？”是命辞，向天帝卜问四月下雨还是不下雨。“王占曰：丁雨，不叀辛”是占辞，商王根据兆象认为丁酉日下雨，辛卯日不下雨。“旬丁酉，允雨”是验辞，下旬丁酉日果然下雨了。事实上，大量卜辞都没有验辞。

在商代和西周的占卜中，龟卜和骨卜是并用的，从东周以后，“卜”主要限于龟卜。在先民看来，龟是灵异之物，龟象与天地之象相似。《礼记·礼运》：“麟凤龟龙，谓之四灵。”而在“四灵”中只有龟是真实存在的，虽行动迟缓，但生存能力很强，寿命也长，是长寿的象征，所以龟甲就成了古代最常用的占卜物。

刻有卜辞的甲骨

引自沈之瑜《甲骨文讲疏》，上海书店，2002年1月，第30页。

古人在迷信龟卜的同时，也相信占筮。筮字金文为，从竹，故占筮

所用的材料最初可能是竹，后来改用蓍草。占筮的方法与龟卜有很大的不同，主要是通过蓍草数目的变化，求得一定的卦象，然后根据卦象及卦爻辞来预测吉凶。《左传·僖公十五年》载："龟，象也；筮，数也。"说明龟卜和占筮是有重要区别的：龟卜是根据甲骨正面的兆象来判断吉凶，而占筮则是通过数字排列确定卦象以判断吉凶。在古汉语中，占卜的"占"多指蓍占，"卜"是指龟卜。蓍占和龟卜是中国古代两种主要的占卜方法，其中龟卜的历史更为久远。一般认为，古代凡大事有龟卜，蓍占仅是龟卜的补充。后来，文字也被人们认为蕴含着某种神秘力量，通过拆解一个字的字形，可以预测未来吉凶，然后决定宜忌和趋避。这就是民间测字算命的由来。

广义的卜法，凡物都可以占卜。除了龟壳、蓍草，常用的占卜方式还有鸡卜、鸟卜、铜钱、竹签、纸牌或星象占卜等。它们都具有许多神秘的色彩，但绝不仅仅是一种简单的迷信。人类科学文明的产生，最初都和占卜有着深刻的联系，如文字、书法与龟卜，哲学、数学与易占，天文学与星占，地理学、建筑学与风水等。否则，就解释不了占卜为什么会在各种文明中广泛地存在，并且至今仍还不时地被人应用。

现在流传的占卜，较之古代又有新的变化。为适应今天的需要，除了古老的算卦、抽签、看相、测字之外，一些西方的占星术，网络占卜等也在民间流行开来，一些人甚至将电脑算命的摊位摆到马路街头、学校门口。而在一些偏远农村地区，占卜仍以传统的形式为主，内容还是非流年即命运，或婚姻，或财运。不过，在许多场合，现代占卜已逐渐脱离了预测吉凶的原始意义，仅仅是人们在将行某事时，由于没有把握而借助它来寻求解答，由此满足自我的心理需求。

正如一首摇滚歌曲所唱："不是我不明白，这世界变化快，你不必太奇怪。”近年来，随着计算机日益普及，网络占卜越发红火起来。许多青年人对自己的未来充满了焦虑，面对升学、就业、爱情、婚姻这样的人生大事，他们急于要寻找答案，便经常求助于网络星座占卜和心理测试。找工作先上网查星座看运势，交朋友也在网上问明血型，甚至连平时的学习和生活都要上网预测。可以说，网络占卜已悄然走进现代青年的生活。

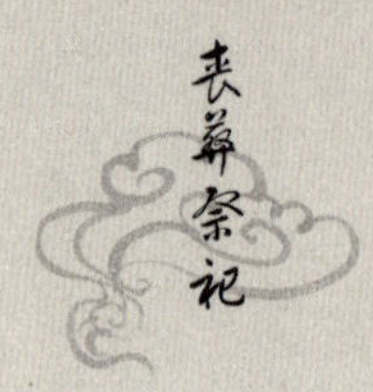

【好“兆”头】

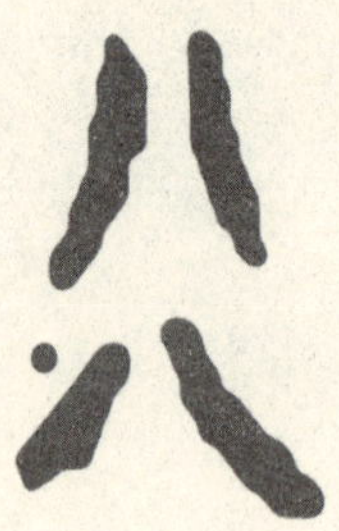

在民间迷信习俗中，预兆类迷信可谓是对中国人影响最大的一种。从古到今，不论城镇还是乡村，几乎到处都有其信仰者。所谓预兆类迷信，即根据事物征兆来预判将要发生事情的吉凶，以作趋避选择。和其他占卜术相比，它无需什么复杂的手续，只是按照约定俗成的解释行事——自圆其说，因而很容易在民间传播。譬如，我们现在过年都要贴一个倒过来的“福”字，就是为了取“福到了”的好兆头。就数字而言，至今有人仍固执地相信 6 和 8 是吉利的，而 4 是要触霉头的。

兆头，又称征兆，是事物产生的某些迹象和预示。不管你信还是不信，生活中有很多事情的发生，在事先确是有预兆的，只是人们有的能感觉，有的没有感觉到而已。

“兆”字甲骨文写作⼋，本为象形字，是从龟甲被火灼而出现的裂纹状象形而来。造字本义就是卜兆，即占卜者根据龟甲发生的裂纹来判断吉凶并预测未来。金文写作，似龟甲中间一条线，两侧是两个“卜”字形。籀文写作，左面，为龟甲裂纹象形的简化；右面（卜），占卦。小篆作，误将籀文的写成，并加，强调卜问。隶书作，严重变形，其龟甲裂纹、卜形均已消失。楷书承续隶书字形，写作兆。《说文解字》曰：“兆，灼龟坼也。从卜兆，象形。”以后引申为对事物产生的某种征候或迹象的都是兆。通常称“兆”为先兆、预兆或兆头。

“福到”

引自徐陟《中国美术设计分类全集（民间美术卷剪纸精选）》，辽宁美术出版社，2013 年 3 月，第 11 页。

古代有很多神奇现象与神秘征兆会出现离奇的巧合，因为无法得到合理的解释，也就产生了让人不可忽视的兆头迷信。据《西京杂记》卷三记载，早在西汉初年，陆贾认为：“夫目瞤（眼跳）得酒食，灯火花得钱财，乾鹊噪而行人至，蜘蛛集而百事喜。”可见这种预兆类迷信的历史十分久

远。而西汉董仲舒的“天人感应”说，还专门为此提供了一个理论上的重要依据。

董仲舒结合阴阳五行学说，将自然现象与社会人事加以比附，告诫国君应懂得爱惜民力，听取和尊重民意。如果善待百姓，把国家治理好，政通人和，上天就会降下祥瑞；相反，政治上的过失则是灾异产生的根本原因，上天就会以各种自然灾害发出谴责和警告，甚至给以严厉惩罚，以致改朝换代。董仲舒“天人感应”说中的“天”，显然已不是自然之天，而是有人格意志的神——精神之天。这种独特的“天人感应”说，让兆头成为中国古代的一种重要文化现象，对于人们的思想和行为产生深刻的影响，甚至连帝王也深信不疑。汉代人们好言灾异，自然界一有灾异发生，就以为是天意的预兆。凡遇日食、地震、蝗灾或水涝干旱，君王动辄就会下罪己诏，以补过失，或大赦天下，以图感动上苍。这样的记录，在班固《汉书》、范晔《后汉书》里可谓比比皆是。

中国历史上曾出现过一种奇特的学说——谶纬之学，这种学说的产生也与预兆类迷信分不开。谶是巫师或方士的一种隐语或预言，作为吉凶的符验或征兆，又称谶语、符谶、符命。谶纬就是根据某些神秘的启示来验证人事的言论。这种学说，有时是以古代经学的片言只语预言时事；有时又以民间流传的谚语、童谣揣测未来。谶纬之风多发生在社会动乱之时，人们才会特别在意种种神秘的征兆。例如东汉末年，京师洛阳忽然流行“千里草，何青青，十日卜，不得生”的童谣，听起来似乎莫名其妙，后来发生董卓之乱，人们才知道这是谶言：“千里草”实为“董”，“十日卜”则为“卓”。

受原始信仰观念的影响，古人常以兆头来推测吉凶祸福，并成为十分典型的民间俗信。俗信是人们在长期的生活、生产实践中形成的约定俗成的传统信念，一旦形成，便会代代相传。作为民俗传承内容之一的民间俗信，在民众生活中具有很强的约束力，有的还成为严格的民间禁忌。如春节贺岁的腊梅、水仙，应节开放，被认为是新年良好开端的兆头，故广受欢迎。而春节期间是不能摔碎东西的，那将预示一年的不吉利，有人若将碗碟打碎，就会马上说“岁岁（碎碎）平安”，以图化凶为吉。

最古老的一种俗信认为梦中之事可预兆祸福，通过对梦的解说，附会人事吉凶。人们对梦境进行的解释称作圆梦，除根据五行相生相克的学说，如周公解梦法以外，多采用自圆其说的方法来解释梦境。一般认为梦境与现实是相反的，即人做的梦都是反梦。这样，美梦可以解释为凶兆，噩梦也可理解为吉兆。例如，梦见家中已故亲人，预示要有灾祸发生，是已故亲人托梦来了，所以一定要小心行事；如果梦见某个活着的亲人死了，则预示那个亲人将活得更健康；梦见棺材，预兆要发财，有财运；梦见红色的东西不吉利，梦见白色的东西则吉利；梦见小男孩，认为将有小人相扰；梦见小女孩，则将有贵人相助；梦见发大水、下大雨等，都被认为要交好运。此外，也有人梦后特意到寺观庵堂，求僧道尼姑详梦的。

民间还通过人体的器官、动物或自然现象来占验吉凶。一般认为眼皮跳是一种福祸的预兆，俗话说：“左眼跳财，右眼跳灾”，就是指眼皮跳的不同征兆。如果有人耳朵发热或连续打喷嚏，常被认为是有人在背后议论或念叨他。男子耳垂大，被认为是有福之人；耳骨软的人，则被认为是做事没有主见。女子若感到心慌意乱，或在做针线活时不慎扎破手指，则会认为家里亲人在外或有不测。当然，这些大多是没有科学道理的，只是约定俗成而已。以眼皮跳为例，分为生理性和心理性两种，前者一般很快就会过去，有时也会持续几天；而后者比较严重，呈进行性发展，但只要加以医治也可痊愈。

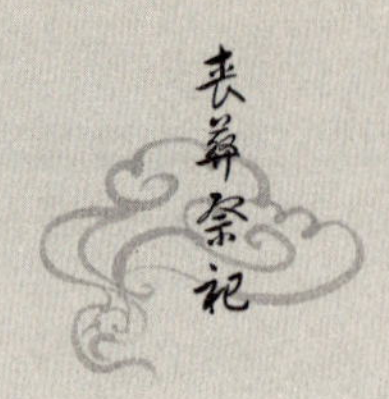

庄周梦蝶

引自王浩《中国民俗·数术》，中国旅游出版社，2004年2月，第86页。

除人体以外，有些征兆又与动植物有关。如听到喜鹊叫是好征兆，民间有“喜鹊叫，财富到”的说法；若听到猫头鹰叫，则认为不吉利，预示着要破财或死人；母鸡打鸣，则为家运衰败之兆；麻雀乱叫，预示两口子要吵架。人们最讨厌的是鸟粪落在身上，被认为是凶兆，故在外特别小心在意。民间还有“自来狗富、自来猫穷”之说，使很多无家可归的猫咪得不到及时的救助。当家里种植的铁树开花，或枯木萌发新枝，则预兆家运将要兴旺。

自然现象的种种征兆，以预示气象最多，这与中国古老的农业生产有关。农历正月初一下大雪，是一年的好兆头，俗话称“瑞雪兆丰年”。春天下雨也是好兆头，故有“春雨贵如油”之说。 民间常以一年中某些日子的气象占卜吉凶，又以谚语的形式世代相传，有的已成为经典的气象谚语。如“八月十五云遮月，正月十五雪打灯”、“火烧云，刮大风”、“冬天大雾，百日大风”等。其中有一些迷信的色彩，但有些征兆是指天气变化对农业生产具有很大影响，具有一定科学道理。

民间如此重视兆头，那么，兆头到底有没有预示作用呢？客观而论，兆头确有一定的预示作用。在现实生活当中，我们不能完全忽略事物的征兆，比如，当自然灾难来临时，周围会有一些特殊迹象特别是动物的反常行为提醒我们注意。这样的事例，我们经常可以见诸报端。以前人们由于不懂科学，常将一些动物的反常行为视为诡异，如今科学研究证明，动物对于自然界的感知远比我们人类灵敏，特别是地震等自然灾害发生之前，动物能够比人更早感知到电磁脉冲的变化，所以才有各种异常行为的出现。

【“灶”王爷的传说】

过去的风水理论中，有开门、主房、安灶为阳宅三要素的说法。所谓阳宅，通俗而言就是人们日常居住的房子。其中，大门和主卧房及炉灶的方位，在建造时是一定要特别注意的。今考古墓葬中也常有灶具等冥器出土，这些随葬的灶具虽然较实际的规格小，但仍能反映出我国不同时期的灶具的形制、功能及其饮食习俗，同时也可见古人对灶的重视。

“灶”字繁体为竈，金文写作（《秦公簋》），上面，表示洞穴；下面，像多足的昆虫，因为灶用以烧火，秋冬熄火时昆虫喜欢寄居其中。“灶”字原从穴，造字本义是架锅烧煮食物的灶坑，说明掘地成坑的地灶是灶的最早形式，故《说文解字》曰“灶，炊穴也”。如今在外野炊，也有就地挖成的临时炉灶，上面放几块石头，支撑住锅子，下面点燃柴草就可煮食了，这叫做“埋锅造饭”。篆文作，将原昆虫形象写成

黽（黾）。后来随着人类文明的进化，出现用砖石等砌成的灶台，楷书另造会意字**灶**，从火从土。**火**（火），烧煮，体现其功能；**土**（土），材料，有明确灶为土台的含义。

人类自从掌握了用火技巧，告别了茹毛饮血的生存方式，便产生了灶。考古发现证明，早在旧石器时期的周口店北京猿人洞穴遗址中，已有用石头围成的简易地灶。原始先民自发现火之日起，在生活中便离不开火，而火的熊熊燃烧也象征着氏族的旺盛不衰。在原始母系社会里，灶是由氏族威望最高的女性掌管着。灶作为一种烧煮食物的设备，既能保持火的延续性，又可使人们吃到烧熟的食物，所以在古人心目中，其地位自然相当重要。《释名·释宫室》云："灶，造也，创造食物也。"《汉书·五行志》谓："灶者，生养之本也。"《白虎通·五祀》称："灶者，火之主。人所以自养也。"作为人类创造的饮食加工的必要设备，灶除了其基本功能——烧煮人们日常食物之外，在后来漫长的发展岁月中，还渗入了浓厚的民俗文化内涵，并演化成了一个人神交融的精彩世界。

中国是信奉多神的国家，在古代所有神祇中，灶神（民间俗称灶王爷）是其中最重要的一位，灶神信仰也是民间最普遍的信仰之一。灶神原是司饮食之神，祭拜灶神，也就成为中国人诸多拜神活动的一项重要内容。远在周代，上自天子，下到庶民，对其都非常崇祀。《礼记·礼器》曰："颛顼氏有子曰黎，为祝燮，祀以为灶神。"人们认为灶神有出入炊食之用，故多祭之以报德。《礼记·祭法》规定国家"七祀"，其一即有祭灶，要求"庶士庶人立一祀，或立户，或立灶"。到了汉代，祭灶又被列为大夫"五祀"之一。对中国人而言，炉灶不仅是用来烧水煮饭，还要在灶上供奉灶神的神位。因此，民间历来十分重视砌灶，并把它作为阳宅三要素之一。

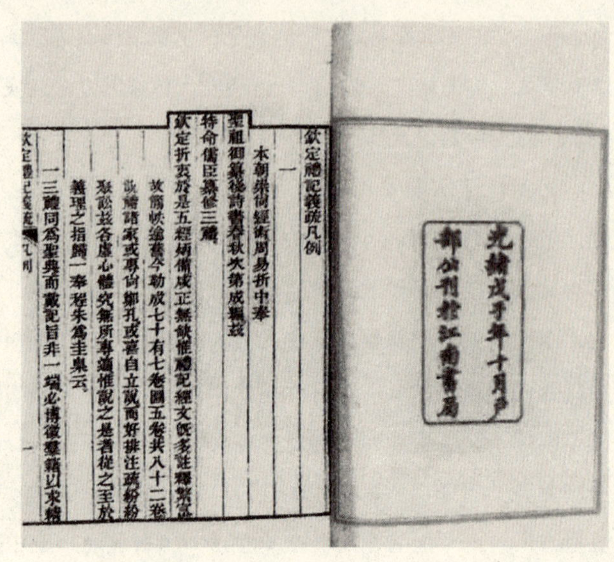

欽定禮記義疏凡例

一 本朝崇尚經術周易折中奉
聖祖御纂後詩書春秋次第成編茲
特命儒臣纂修三禮
欽定折衷於是五經炳備成正無缺惟禮記經文既多詮釋繁富
故篇帙較舊今勒成七十有七卷圖五卷共八十二卷
說禮諸家或專尚鄭孔或喜自立說而好排注疏紛紛
聚訟茲各虛心體究無所專適惟說之是者從之至於
義理之指歸一奉程朱為圭臬云
一 三禮同為聖典而戴記旨非一端必博徵羣籍以求精

欽定禮記義疏 凡例　一

光緒戊子年十月戶
部分刊於江南書局

钦定《礼记》义疏
引自丛书编委会编撰《大中国上下五千年 中国礼仪文化》，外文出版社，2010年11月，第26页。

春秋时期，民间流传过“与其媚于奥，宁媚于灶”的俗谚（见《论语·八佾》）。奥是一家的主神，虽然尊贵，但是高高在上；灶是灶神，主管一家的饮食，地位虽然不如奥神高，但从实用的角度看，献媚于奥神还不如献媚于灶神来得实惠。魏晋以后，灶神进一步被人格化，成了专门督察人间善恶的司命之神。葛洪《抱朴子·微旨》说：“月晦之夜，灶神亦上天白人罪状。大者夺纪，纪者，三百日也。小者夺算，算者，一百日也。”也就是说，谁要是冒犯了灶神，便会折损自己的寿命。此时灶神，俨然已是天帝派驻人间的监察大员，负责监督一家老小的善恶功过，并定期上报天庭。人们如果要祈福禳灾，便要对灶王爷恭恭敬敬，不然，他就会上天告你的恶状。由于人与天帝无法沟通，所以，灶王爷便得到了老百姓更多的顶礼膜拜。

传说灶王爷自上一年的除夕起就一直守在每户人家家中，以保护和监察一家老小，到了腊月二十三日便要升天，去向玉皇大帝汇报这家人的善行或恶行，玉皇大帝则根据灶王爷的汇报，再决定这一家人在新的一年中应该得到的吉凶祸福的命运。对每户人家来说，灶王爷的汇报无疑有着重大利害关系，所以，每年岁末家家都会祭拜灶神，希望它在天上为自己多美言几句，以保佑一年平安。届时便以祭拜作欢送，又于除夕之夜，以祭拜迎接灶神回来。前者为送灶，又称辞灶；后者则称为接灶。

祭灶，是一项在我国民间影响很大、流传极广的习俗。按道教说法，灶王爷是玉皇大帝封的“九天东厨司命灶王府君”，负责管理各家的灶火，还监督一家老小的善恶功过，故人们尊称它为“司命菩萨”或“灶君司命”，并把它作为一家的保护神而受到崇拜。在传统观念中，灶也是家庭的象征，一般来说，一个家庭只建一个灶，儿女长大，结婚分家了，才另起炉灶。旧时，差不多家家灶间都设有灶王爷神龛。灶王龛一般设在灶房的北面或东面，中间供上灶王爷的神像。有的神像只画灶王爷一人，有的则有男女两人，即给灶王爷再配上一位“灶王奶奶”。有的灶王爷像上还写有“东厨司命主”、“人间监察神”等文字，以显示灶神的特殊地位；有的则在神像两旁贴上“上天言好事，下界保平安”的对联，以祈福全家老小的平安。

因为灶王爷司命监察人间善恶，并在年底禀报天庭，故一到农历年底送灶日，人们便会照例供上茶酒、肉食、糖饼、水果等祭品，祭拜灶神图像。有些穷人家无画像的，则用红纸写上“司命灶君神位”、“敬奉司命灶君”等字样，贴在炉灶上代替。送灶，一般多在黄昏后进行。当天色变暗，一家人汇集灶房，先由长者向设在灶壁神龛中的灶王爷敬香，并供上祭品，然后全家人依次叩头，为灶神送行。南宋诗人范成大《祭灶词》，对当时民间祭灶有生动的描写：“古传腊月二十四，灶君朝天欲言事。云车风马小留连，家有杯盘丰典祀。猪头烂熟双鱼鲜，豆沙甘松米饵圆。男儿酌献女儿避，酹酒烧钱灶君喜。婢子斗争君莫闻，猫犬触秽君莫嗔。送君醉饱登天门，勺长勺短勿复云，乞取利市归来兮。”

观音灶君

引自汪小洋《中国百神图文志：原始神、宗教神和民间神五千年总揽》，东方出版中心，2009年6月，第191页。

在祭灶活动中，老百姓把自己的日常生活经验也用在了对灶神的供奉上。据唐人《辇下岁时记》记载，有“以酒糟涂于灶上，使司命（灶君）醉酒。”原来人们为灶王爷供酒，是让他喝得晕头转向，禀报时就会含糊其辞。有些地方祭灶时，麦芽糖是必不可少的供品，因为麦芽糖又甜又黏，灶神吃了，禀报时就会甜言蜜语，即使想说坏话也张不开口。这体现了中国人世俗生活的幽默，虽带有逗趣成分，但主要还是出于禳灾求福的愿望。祭拜后，人们便将神像揭下，点火焚烧，让灶神乘烟上天。灶君上天述职完毕，仍要回到各家为他预备的神龛。接灶一般在除夕，仪式比送灶要简单，只要换上新的灶神像，再在灶龛前燃上香就可以了。

灶王爷的传说充满了世俗化的色彩，反映了普通老百姓向往平安的朴素心愿。如果我们剔除这一传说中的迷信成分，灶与灶神作为中国人家庭生活的象征，在民俗学上还是有着其特殊意义的。

〖乡村的狂欢节——“社”日〗

鲁迅先生的《社戏》，是一篇充满生活情趣的美文。作品通过记叙“我”幼时在家乡看社戏的一段经历，刻画了一群天真率直、活泼可爱的农家少年形象，也展现了一幅江南乡村淳朴而欢乐的社日风俗画。读后，让我们对古老的民间社日不由多了几分向往。

甲骨文中无“社”字，上古“土”就是“社”的本字，写作，就像地面上的一堆土，先民聚土成堆，以便祭拜滋生万物的土地神。“社”字最早出现于战国《中山王鼎》铭文，写作。左面（示），表示神主；右下（一），代表大地；右上（木），代表在土上生长的万物。金文有写作，省去右上（木），并将原大地的指事符号写成（土）。籀文作，承续早期金文字形。篆文承续晚期金文字形，写作。原来，“社”的原始形态是一堆封土，其本义就是土地之神——社神。后来，祭土地神的地方亦称“社”，即社庙。《说文解字·示部》曰：“社，地主也。从示、土。”

中山王鼎

引自韩欣主编《中国青铜器收藏与鉴赏全书》（上卷），天津古籍出版社，2005年，第166页。

“社”为土地神，“稷”为谷神，古代帝王为了祈求天下太平，风调雨顺，每年都要祭祀社稷之神。社稷在周代即被奉为国家主神，列入祀典。《白虎通义·社稷》：“王者所以有社稷何？为天下求福报功。人非土不立，非谷不食。土地广博，不可遍敬也。五谷众多，不可一一而祭也。故封土立社，示有土也。稷，五谷之长，故立稷而祭之也。”后来，社稷成了国家的象征，人们就用“社稷”来代表国家。如《史记·文帝本纪》：“计社稷之安。”也就是说要考虑国家的安全。

古代不光天子有社庙，平民百姓也有社庙。《礼记·祭法》：“王为群姓立社，曰太社；王自为立社，曰王社；诸侯为百姓立社，曰国社；诸侯自为立社，曰侯社；大夫以下，成群立社，曰置社。”民间社庙和家庙

不同，家庙是以宗族为单位，即一家一庙，而社庙是以集体为单位的。按周礼规定，周代以25家立一社庙。当然，这也不是一成不变的，历代百姓之社庙规模均有所不同。社者，可谓地方最小之行政单位，由此，又引申为各种组织或机构，如茶社、书社、诗社等。

我国自古是一个以农业为主要生产方式的国家，长期的农耕生产，使先民对土地特别重视，所以每到播种或收获的季节，人们都要立社祭祀，祈求丰年或酬报土地神。古时祭祀社神的日子，称社日。周代以甲日为社日，汉以后改用戊日。社日又有春秋之分，汉以前只有春社，汉以后始有秋社。汉代以立春后第五个戊日为春社，祈祷年丰人寿；立秋后第五个戊日为秋社，则用以报祀社神。应劭《风俗通义·祀典》引《孝经纬》曰："社者，土地之主，土地广博，不可遍敬，故封土为社而祀之，报功也。"古时于社日举行的活动叫"社会"，宋孟元老《东京梦华录》："八月秋社……市学先生预敛诸生钱作社会。"现代汉语"社会"一词，正由社日聚会之意演化而来。

土地神的产生是人类进入农耕时代的产物，农民靠天吃饭，从地里刨食，社日就成了他们祭祀社神的节日。成书于汉代的《礼记·郊特牲》记载："唯为社事，单出里；唯为社田，国人毕作；唯社，丘乘共粢盛。"意为在社日这天，全社的乡人都要参与祭祀活动；国人为了准备祭祀所用的牲肉，之前还要进行狩猎；为了祭祀所用的谷物，乡民又凑集了许多粮食。每次社祭均有专人主事，主事者称为社首、社正等，由村民轮流充任。其职责主要有：筹办社日祭品、主持祭祀仪式以及分配祭肉等。汉相陈平早年曾在里社担任社首之职，他处事公平，"分肉甚均"，受到里社父老的称赞："善，陈孺子之为宰。"（见《史记·陈丞相世家》）

宗懔《荆楚岁时记》描述了南北朝时民间祭社的风俗："社日，四邻并结，综会社牲醪，为屋于树下，先祭神，然后飨其胙。”是说社日那天，四邻相约一起，汇集各自带来的肉食和米酒，并在树下搭屋摆放祭品，先由社正担任主祭，诸社人也随之祭拜社神。祭拜仪式完成后，大家兴高采烈地聚餐一顿，或按户再分回一些祭品。社祭所供之肉，谓之“社肉”，也称“福肉”；所供祭的饭食，称为“社饭”；所供之酒，称为“社酒”。或因敬过了社神，社酒也就沾了灵气，俗谓饮之可以治耳聋，因此有人专门求取社日余酒。宋叶梦得《石林诗话》卷上：“世言社日饮酒治聋，不知其何据。五代李涛有《春社从李昉求酒诗》云：‘社公今日没心情，为乞治聋酒一瓶。恼乱玉堂将欲徧，依稀巡到第三厅。’昉时为翰林学士，有日给内库酒，故涛从乞之，则其传亦已久矣。社公，涛小字也。”

土地神位

引自汪小洋《中国百神图文志：原始神、宗教神和民间神五千年总揽》，东方出版中心，2009年6月，第208页。

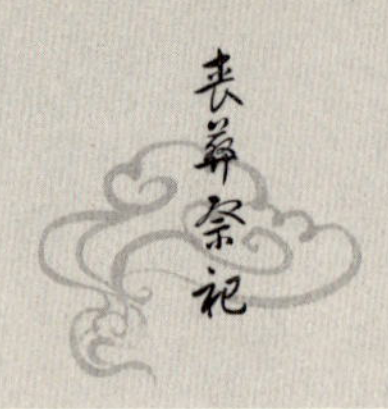

唐宋是民间祭社活动最热闹的时期，那时的社日，无论男女老少，都尽享社日的欢愉，简直成了乡村的狂欢节。成年男子是社日活动的主角，一到社日，他们就敲锣打鼓，抬着猪羊，提着酒壶和各种供品，聚集社庙，焚香祭拜，祈求五谷丰登、六畜兴旺。祭拜完毕，就在庙前大块吃肉，大碗喝酒。社日这天的活动，还有擂鼓、对歌、斗草等游戏助兴，一直要到日暮方歇。唐代诗人王驾有《社日》一诗，形象描绘了社日的欢乐场面："鹅湖山下稻粱肥，豚栅鸡栖半掩扉。桑柘影斜春社散，家家扶得醉人归。"诗人并未将笔墨用来描写社日表演的热闹场面，而是把聚焦点放于"社散"之时，以"家家扶得醉人归"，渲染出节日的喜庆气氛。南宋诗人杨万里《观社》诗，也对社日活动有生动描写："作社朝祠有足观，山农祈福更迎年。忽然箫鼓来何处？走煞儿童最可怜！豹面虎头时自顾，野讴市舞各争妍。王侯将相饶尊贵，不博渠农一晌癫！"乡民在社日相庆时，头戴面具，吹箫打鼓，唱歌跳舞，好一派狂欢的情景。社日给人们提供了狂欢的机会，民众在社日中的尽情娱乐，又为社日增添了喜气与热闹。

为了欢庆社日，家家户户除了忙于有关祭拜活动外，其他事几乎都不用干了，连终年辛劳的妇女也可停下手中的针线活，有了难得的闲暇。唐张籍《吴楚歌》："今朝社日停针线，起向朱樱树下行。"宋张邦基《墨庄漫录》："今人家闺房遇春秋社日，不作组训（编结和针织），谓之忌作。"明谢肇淛《五杂俎·天部二》："唐宋以前皆以社日停针线，而不知其所从起。余按《吕公忌》云'社日男女辍业一日，否则令人不聪'，始知俗传社日饮酒治耳聋者为此，而停针线者亦以此也。"社日最高兴的当然是小孩了，因为当天他们也无需再上学念书，而是可以尽情玩乐，买糖人，喝豆浆，看热闹，简直把他们乐坏了。特别是社日还有歌舞杂戏表演，更令孩童欣喜异常。正如南宋陆游《社日》诗所写："太平处处是优场，社日儿童喜欲狂。”

元明以后，由于战乱等原因，各地的社日祭祀活动开始逐渐衰落，但民间社日的娱乐活动还是有所保留。鲁迅《社戏》一文所描写的，正是清末绍兴地区专以演戏的形式祭社，这时候演的戏就称为“社戏”。

游艺竞技

原生态的“歌”

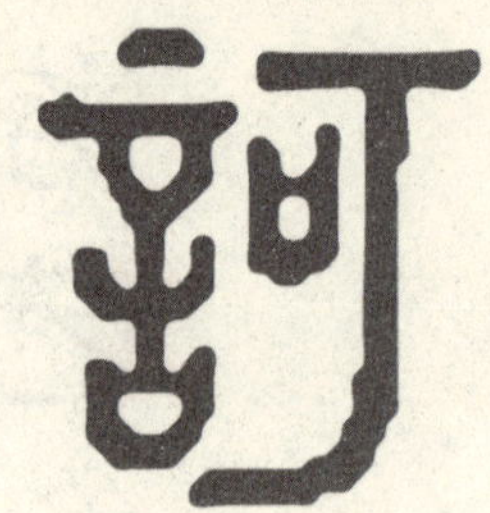

每当春天来临的时候，沉寂了一个冬天的小鸟便开始放声歌唱。为什么鸟儿要在春天唱歌呢？科学家们通过研究发现：鸟儿一到春天开始唱歌，是因为它们特殊的大脑细胞与阳光的共同作用，也就是鸟类一种独特的荷尔蒙生理反应。

那么，人为什么也要歌唱？这道理大概和鸟儿有相通的地方。那就是：人要通过这种方式，把内心的某种情感抒发出来。因为人类语言是有局限的，唱歌正是对语言的补充，当你觉得语言无法表达自己情绪的时候，唱歌可能就是最好的方式了。对此，两千年前的古人就已有认识。《毛诗序》曰：“在心为志，发言为诗。情动于中而形于言，言之不足故嗟叹之，嗟叹之不足故咏歌之，咏歌之不足，不知手之舞之足之蹈之也。”此言形象地概括了诗与歌、乐、舞之间的内在联系。早期诗、歌与乐、舞是合为一体的。诗即歌词，在实际表演中总是配合音乐、舞蹈而歌唱。后来歌与诗、乐、舞各自发展，独立成体。

从字形结构来看，“歌”可以认为是一个形声兼会意的合体字，从欠、从哥，而其最早也是最基本的构件是“可”。《说文解字》曰：“歌，咏也。从欠哥声。謌，謌或从言。”原来，在金文中，“歌”写作[illegible]，其造字本义为求偶男女以唱歌方式互诉衷情。左面[illegible]（言），表示以言倾诉；右面[illegible]（可），在甲骨文写作[illegible]，由[illegible]（似竽的乐器）加[illegible]（口）构成，有吹竽唱歌之意。早期篆文写作[illegible]，[illegible]（哥），二可相叠，有人认为更突出表示男女对唱情歌。《说文》曰：“哥，声也。从二可。古文以为謌字。”篆文“歌”字后亦写作[illegible]。其中[illegible]即“欠”，甲骨文作[illegible]，像一个人张大嘴巴在吸气或吹气，以示与口有关。“哥”与“欠”相合，进一步表示伴随乐声而歌唱。由此可知，“哥”是“歌”的本字，而“可”又是“哥”的本字。《集韵·歌韵》曰：“歌，古作可。”当“可”的吹竽唱歌本义消失后，篆文另造“哥”字代替；当“哥”的唱歌本义消失后，篆文又加“言”或“欠”另造“謌”、“歌”字代替。后来“歌”字一直沿用至今。

在一些古文中，我们还能看到保留唱歌本义的“哥”字，如《史记·燕召公世家》：“召公卒，而民人思召公之政，怀裳树不敢伐，哥咏之，作《甘棠》之诗。”《盐铁论》：“诚信著于天下，醇德流乎四海，则近者哥讴而乐之，远者执禽而朝之。”这里，“哥”同歌唱的“歌”，“哥”是古字，“歌”是今字，并非一般意义上的通假。

古代以合乐为歌，徒歌为谣。《诗·魏风·园有桃》：“心之忧矣，我歌且谣。”毛传：“曲和乐曰歌，徒歌曰谣。”后来统称为歌谣。《汉书·艺文志》：“自孝武立乐府而采歌谣，于是有代赵之讴，秦楚之风，皆感于哀乐，缘事而发，亦可以观风俗，知薄厚云。”北魏贾思勰《齐民要术》序：“今采捃经传，爰及歌谣，询之老成，验之行事，起自耕农，终于醯醢，资生之业，靡不毕书。”

《诗·魏风·园有桃》
引自沐言非《诗经三百首鉴赏大全集》，中国华侨出版社，2012年7月，第133页。

原始歌谣的产生远在文字形成之前，应比诗歌早得多。原始社会，人们最初只能用感叹来表示情绪，如啊、兮、哦、唉等，而在劳动生活中，这种感叹又起着加强节奏和调剂精神的作用。人们在劳动中发出各种有节奏的声音，可谓原始的歌或歌谣。古人对这种现象也有所记录，如《淮南子·道应训》：“今夫举大木者，前呼‘邪许’，后亦应之，此举重劝力之歌也。”原始歌谣，除了表现劳动生活的场面，或表达征服自然的愿望，或展现猎获野兽的欢乐，或祈祷神灵的保佑，成为先民生活的重要组成部分。

随着人类社会的发展，特别是在语言文字产生之后，人们对客观事物的认识逐步深化，情绪更加丰富，光用几声感叹就远远不够了。于是古人在歌谣里加进各种相应的词，以满足表达感情的需要。这样，歌谣涉及的内容便越来越广，其社会作用也显得愈加重要了。有些少数民族没有文字，本民族的历史文化几乎就是靠歌谣和史诗代代传承的。所以，这些少数民族的歌谣，在其文化构成和世俗生活中占的分量更重。

由于我国各民族分布广泛，历史悠久，所以每个地区的民歌风格都有很大不同。民歌本身是民俗精神的重要组成部分，而民歌的内容又正是民俗的具体反映。民俗活动往往伴随着相应的民歌，甚至有些民歌本身就是民俗的组成部分。无论是汉族还是少数民族，其民歌对于民俗事象均有着广泛的反映。这种反映往往与人民群众的民族传统、生活方式、情感体验等都有着连带关系。

春秋战国时代，楚国民俗信鬼而好祀，祭祀时必有歌乐鼓舞以娱乐诸神。屈原根据当地流行的民歌而创作《楚辞》，从中可略知当时楚国民间音乐的风格特征。《楚辞》具有浓郁的浪漫色彩，充满大胆的想象、追求和寄托。至今流传的湖南、湖北山歌，仍是这种楚辞浪漫风格的延续，不仅有美丽动人的歌词，曲调也清新脱俗，别具一格。

西汉时期，汉武帝设立了一个音乐管理机构——乐府，专门从事民歌的搜集和整理。入乐的歌谣，被称为“乐府”或“乐府诗”。这些乐府诗，有诸多乡野间的作品，其中虽有文人加工的痕迹，但民间本色的东西仍清晰可辨。像《战城南》、《陌上桑》、《孤儿行》等，多以描写民间疾苦为主，直接道出了民众的喜怒哀乐，揭露了社会的各种矛盾。这一时期的民间歌谣在形式上已发展成为长短句和五、七言诗体，并开始加进了乐器伴奏。《孔雀东南飞》等长篇叙事诗的产生，标志着汉代民歌在艺术上日臻成熟。

《孔雀东南飞》

引自邵甄，吴廷琯改编《孔雀东南飞》，连环画出版社，2002年7月，第10页。

歌与舞往往合为一体，在汉族传统歌舞中，《踏歌》是颇具代表性的。这一古老的歌舞形式源自民间，远在两千多年前的汉代就已兴起，到了唐代更是盛行。刘禹锡《踏歌行》有记：“春江月出大堤平，堤上女郎连袂行。唱尽新词看不见，红霞影树鹧鸪鸣……新词宛转递相传，振袖倾鬟风露前。月落乌啼云雨散，游童陌上拾花钿。”《踏歌》的母题是表现民间的“达欢”意识，所谓“丰年人乐业，陇上踏歌行”。表演时，一边用脚踏出舞步，一边唱歌，是一种雅俗共赏的民间歌舞。由于踏歌产生于田间，所以与古老的乡村民俗密不可分。

有时最单纯的东西是最有魅力的，民歌好就好在它的单纯、真挚，几乎不需要伴奏，更不需要花哨的外表装饰。所以，民歌是原生态的民族文化宝典，更是解读一个地区传统文化与民风的密码。至今传唱的《走西口》，以表现山西、陕西一带的一种传统而独特的逃荒方式——走西口，道出了一对新婚夫妇生离死别的悲苦。它的背后有着深刻的社会、历史、自然、地理等原因。走西口是对命运的挑战，是对未来的开拓，为此有许多人要背井离乡，而由此产生的这首民歌，也自然流露出凄怨、酸楚甚至无望的悲戚。

原生态的民歌，每一支曲调都是一段鲜活往事的再现，可使人们体会到最具人性的艺术本质。它是发自内心的呼喊、哭诉、赞美、祈祷……是用朴素的艺术表达出最真实情感的一种方式，具有饱满的生命张力。正因如此，在那些船夫牧童随口所唱的民间小调里，艺术家们往往能找到其原始的艺术基因，然后创作出富有民族特色的艺术精品。

〖“舞”之魅〗

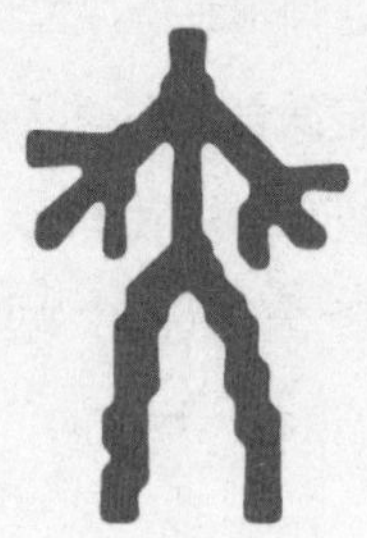

在2012年春节晚会上，最受观众青睐的节目，无疑是由著名舞蹈家杨丽萍主演的舞蹈《雀之恋》。舞蹈表演了两只孔雀相知相恋的过程，呈现出大自然精灵一般的美。《雀之恋》以云南民间舞蹈元素为主，但表现形式并不是纯民间舞，而是在模拟孔雀动作的基础上作了艺术的再创造。这个节目被不少观众评为自己最喜欢的春晚节目，并被誉为“春晚最震撼的节目”。观看舞蹈《雀之恋》，犹如享受一顿美味的精神大餐。其受欢迎程度之高，说明了一个简单而朴素的道理：越是民族的，就越是世界的。

舞蹈是人类与生俱来的一种艺术形式。这种用人的肢体动作来抒发、表达情感的行为，是没有地域、国界、种族和民族之分的，也是人类共通的形体语言与心灵感悟。

“舞”的本字为“無”（无），在早期甲骨文写作，像一个人两腿叉开、两臂旁展且双手持物的动态，即“手之舞之”的象形。这个象形的字告诉我们，尽管当时的舞蹈动作远比这丰富和复杂，但这个动作肯定是最常见也是最基本的舞蹈姿态。甲骨文亦有写作，在手挥所持之物的人头上加一“口”，造字本义表示一面挥手起舞，一面还在张口吟唱。金文作，其“口”形和“手”形已变得模糊，同时加（辵），表示手舞足蹈再加口唱。篆文写作，再加（舛），表示左右两足，进一步突出了“足之蹈之”的意思。《说文解字》曰：“舞，乐也。用足相背，从舛，无声”。隶书写法变形较大，作，其人形、手形皆已消失。后来“無”被用来表示“有无”的“无”，这样，也就失去了原来表示舞蹈的意思，便另造一“舞”字。古汉语中，挥手作姿叫“舞”，顿足踏地叫“蹈”，合而言之，即手舞足蹈，以表示欢庆或颂扬。

舞蹈起源于人类劳动生产和其他多种生活实践的需要，它和诗歌、音乐紧密结合在一起，是人类历史上最早产生的艺术形式之一。正是由于长期的劳动生产，使人类摆脱了动物的习性，逐步由低级走向高级，成为有思维能力和创造能力的物种。在远古初民尚未产生语言之前，会用一些简单的动作、姿态进行情感、思想的交流，这就是舞蹈的萌芽。当有了语言和音调以后，才相继产生了诗歌和音乐。民间歌舞就是从混沌的原始艺术萌芽发展而来，是人类物质文明与精神生活的反映。我国自古就有“昔葛天氏之乐，三人操牛尾，投足以歌八阙”的传说（《吕氏春秋·古乐篇》），这是反映先民驯兽养畜，种植五谷杂粮的歌舞。经专家考证，“葛天氏之乐”是我国音乐、舞蹈和诗歌的重要源头之一。

中国是一个有着悠久乐舞传统的国家，但长期以来，我们只能从古文献中去寻找原始社会舞蹈的蛛丝马迹。帝尧时的“击壤”，应是原始舞蹈形式的最早记载，但也只是传说而已。直到1973年，在青海省大通县上孙家寨，考古发现了新石器时代的“舞蹈纹饰彩陶盆”，我们才第一次真正领略了五千年前远古先民表演舞蹈的直观形象。这是迄今发现的舞蹈形象中最早的实物图形，记录了人类历史上早期的歌舞场景。陶盆内壁绘有三组舞蹈人花纹，每组五人，手拉着手，正踏着音乐节奏，尽情地跳舞、唱歌。这一实物图形，为探索舞蹈的起源和演变过程提供了重要的物证，同时对于文化人类学和民俗学都具有重大的价值和意义。在其他出土的原始壁画、雕刻中，有时也能找到一些原始舞蹈的形态，其表现内容涉及社会生活的各个方面。至今在许多民间舞蹈中，还残留着这种原始舞蹈的痕迹。

花山崖壁画中描绘的舞蹈

引自万明旭《神秘的广西左江花山崖壁画》，《中国西部》，1997 年第 1 期。

在漫长的历史岁月中，舞蹈本身具有多元的社会意义及作用，包括民间祭祀、礼仪、求偶、社交、运动等。可以说，人类所有文明的发展，都与舞蹈结下了不解之缘，都有舞蹈留下的珍贵印记，再没有别的艺术行为，能像舞蹈那样激发起人类相通的情感。

民间舞蹈的发展往往与民俗文化具有密切的关系。素有中国舞蹈“活化石”之称的傩舞，原是古代驱逐疫鬼仪式的一种巫舞，后成为一种驱邪、祈福和喜庆的民间舞蹈。它渊源于上古氏族社会的图腾信仰，有着原始文化信仰的基因。甲骨文卜辞中已有傩舞的记载，周代称之为“国傩”或“大傩”。傩舞表演时，舞者配戴形象狰狞的面具，一手持戈、一手持盾，边舞边发出“傩、傩……”的呼喊，而后奔向各个角落，搜寻不祥之物，以驱除疫鬼、祈求平安。傩舞是傩事仪式活动中的重要组成部分，正是依附于民众驱鬼逐疫、除邪纳吉的信仰习俗，它在民间经过几千年的传承，依旧延续着其草根文化的命脉。至今，江西、湖南、湖北、广西等地农村，仍保存着比较古老的傩舞形式，并增添了许多新的内容。

傩舞

引自孙文辉《巫傩之祭——文化人类学的中国文本》，岳麓书社，2006 年 7 月，第 106 页。

从古至今，民间大量的迎神赛社活动，又为中国舞蹈的繁盛提供了重要契机。民间迎神赛社活动源于古老的社祭（祭土地神）。屈原的《九

歌》，是对战国楚人以歌舞祭神的生动记载，其中《湘君》、《湘夫人》就是分别祭祀楚国当地的一对水神——湘君和湘夫人。这种祭典仪式发展到后来，便衍生为各种迎神赛社的活动。古代酬神称为“赛”，唐时称“赛神”，宋代以仪仗、箫鼓、杂戏迎神，称“赛会”。中国民间祭祀本来名目繁多，除了祭人类始祖女娲和伏羲外，还祭玉皇、龙王、佛祖、财神、灶神、门神等。每逢岁时节令，人们总会朝山进香，许愿并祭献，而每祭“必作歌乐鼓舞以乐诸神”（王逸《楚辞章句》）。

民俗是民间舞蹈生存的土壤，而民间舞蹈最突出的特征，就是它的民俗性。中国传统的年节庆典、婚丧仪礼、信仰习俗等活动，为各地民间舞蹈拓展了广阔的空间，也为其表演内容提供了特定的社会文化背景。民间舞蹈正是在民俗活动中产生、传承和发展，并依附于民俗活动，保持着鲜明的艺术特征，具有蓬勃的生机和活力。传说中龙能行云布雨、消灾降福，人们视其为神圣的象征。龙舞，正是在这种民俗信仰支配下，民众自发创造的传统民间舞蹈形式。与龙舞相比，更大众化的民俗舞蹈，莫过于狮子舞了。在我国传统观念中，狮子是百兽之王，且是一种吉祥之物，因而舞狮的历史亦相当久远。《汉书·礼乐志》中记载的“象人”，便是舞狮的前身。现今从北方到南方，从城市到乡村，在逢年过节及庆典仪式上，随处可见各种舞龙、舞狮的表演活动。

从一个舞蹈，可以了解一个民族的文化，而民族文化又将舞蹈艺术与民俗风情紧密地联在一起。舞蹈一旦成为民俗活动的一部分，就能营造地方特色的氛围，增强民俗的影响力。同时，民间舞蹈是由民众自创自演，表现一个民族或地区的文化传统、生活习俗及精神风貌，是一种真正源于生活的娱乐活动，因而具有广泛的群众基础和强大的艺术生命力。即使是相同种类的歌舞，因地区的不同，也会在表现风格和形式上各有特色。杨丽萍主演的舞蹈《雀之恋》的独具魅力，便可证明这一点。

猜灯“谜”，观民俗

正月是农历的元月，而正月十五是一年中第一个月圆之夜，所以，人们把它称为元宵节（古代亦称上元节）。元宵节既是过年的最后一日，也是传统民俗活动最为集中的节日。过去每逢农历正月十五，家家户户都要张灯结彩，燃放焰火。除了举办灯会之外，各地还有许多丰富多彩的民俗活动，如舞龙灯、耍狮子和吃汤圆、猜灯谜等。

猜灯谜又叫“打灯谜”，是从古代就开始流传民间的元宵节特色活动。南宋时，京城临安每逢元宵节赏灯，就有好事者把谜语写于纸条，贴在五光十色的彩灯上供人猜。因为谜语能启迪智慧又迎合节日气氛，所以猜灯谜便成为元宵节不可缺少的保留节目。时至今日，灯谜的外在形式已有所简化，人们很少再将谜条贴在彩灯上，而大多是将谜条夹在绳子上，猜对者即可撕下谜条兑奖“领赏”。

“谜”字不见甲骨文和金文，篆文写作。（言），言语；（迷），既是声旁也兼表意，表示因迷惑而不知去向。在1965年山西侯马晋国遗址出土的盟誓辞文玉石片——侯马盟书上，“迷”写作，其中（米）是“眯”的省略，意为半睁眼睛，分辨不清。篆文“迷”写作，承续了其字形。用表示言语的和表示不知去向的相结合，“谜”的造字本义是比喻让人感到困惑、不知所云的话语。《说文解字》曰：“谜，隐语也。从言迷，迷亦声。”《广韵》曰：“谜，隐言也。”后也泛指还没有弄明白或难以理解的事物，如不解之谜、千古之谜等。

《侯马盟书》局部

引自张颔《侯马盟书》，山西古籍出版社，1976年，第103页。

谜语在古代又称为廋辞、廋语等。廋（sōu），是隐藏、藏匿的意思。廋辞或廋语，即将其含义隐于言辞之中。《国语·晋语五》记载：“有秦客廋辞于朝，大夫莫之能对也。”韦昭注：“廋，隐也。谓以隐伏谲诡之言问于朝也。”周密《齐东野语》云：“古之所谓廋辞，即今之隐语，而俗所谓谜。”古人用语言交流时，有时出于某种特殊原因，不便直接表达，而要通过拐弯抹角来暗示另外的意思，便成为“谜语”的萌芽。刘勰《文心雕龙·谐隐》曾这样概括谜语的基本特征：“谜也者，回互其辞，使昏迷也。或体目文字，或图解物品，纤巧以弄思，浅察以炫辞。义欲婉而正，辞欲隐而显。”

与歌谣一样，谜语在人类还没有文字以前就早已产生。史料表明，大约在奴隶社会时期，先民已开始用隐晦曲折的歌谣来表达思想感情。据《尚书·汤誓》记载：夏代帝王桀曾自喻为太阳，并欲与其共存，但民间却流传着“时日曷丧？予以汝偕亡”的歌谣。意思是说：太阳呵，你什么时候才消亡呢？让我和你一同去死吧！相传夏桀暴虐无道，民怨沸天，老百姓不敢明言，私下里只能用隐语发泄怨愤之情。这首歌谣采用隐喻的手法，诅咒暴君夏桀，可谓我国谜语的最早萌芽。《周易·归妹·上六》篇载有商代短谣：“女承筐，无实，士刲羊，无血。”也可算是我国最早的谜语之一。它运用传统谜语常见的“矛盾法”，巧妙地表现了一对青年男女剪羊毛的情景，又“回互其辞”，使人不易猜着，已近似一则谜语。至汉代，谜语不仅在民间流行，也成为宫廷的娱乐品牌。我们熟悉的东方朔，就是位猜谜的高手。

世界上各民族均有着自己的谜语文化。与世界上其他语种的谜语相比，因为汉字独特的结构和含义，使得中国谜语谜面既好看又含蓄，具有得天独厚的优势和丰富的历史文化内涵。我们知道，汉字形态特征大多是由两个以上的独体字组成，很多字还可以作组合上的变化，成为另一个字，而在造字方式上，许多汉字又是由会意、象形而产生的。由于汉字集形、音、义于一体，经常一字多音，一字多义，所以在组合上可变化多端。灯谜正是利用汉字的特点，大玩“文字游戏”，成为一种老少皆宜的智力测试和娱乐形式。

中华谜学，博大精深，源远流长。谜语活动本是一种民间文化现象，它发源于民间口头文学，是劳动人民聪明智慧的结晶，后经文人的加工，又有了文义谜。民间谜语，它的谜面往往是山歌体的民谣，读来朗朗上口，而且形象生动，便于口头传诵，通俗易懂。文义谜语，也叫灯谜，相应增加了文学色彩和竞猜难度。就内容而言，民间谜语更能广泛地反映社会生活，主要分为事谜、物谜和字谜等。从艺术性来看，民间谜语多以和谐的语调，丰富的想象，拟人、夸张的手法来突出事物的特征，而灯谜主要从文字变化上着眼。两者有很多交叉的地方，又各有千秋。因为灯谜是由民间谜语演变而来的，具有鲜明的中国特色，因而成为中华民族特有的一种民俗艺术。

灯谜自南宋起开始流行，至今不衰。随着南宋游乐场所“瓦舍”的兴起，给灯谜的发展提供了物质条件，当时不少文人都是制谜高手。猜灯谜又称“射虎”，因为虎性凶猛，难以驯服，故用此形容灯谜的难以猜射。灯谜一般采取贴谜面于花灯以供猜射的形式，这样，猜谜也有了更多的趣味性和挑战性。因为谜语能启迪智慧又饶有兴趣，流传过程中深受社会各阶层的欢迎，而宋代谜语与元宵赏灯相结合，又大大丰富了元宵节的民间娱乐活动。

明清两代，灯谜活动的举行更加频繁，其规模也不断扩大。不仅在元宵节，中秋、七夕也经常举行灯谜活动。阮大铖的《春灯谜》中，有一阕《朝天子》：“打灯谜闹场，拆灯谜搅肠。纸条儿标写停当。金钱儿小挂，猜着时送将；那不着的受罚还如样。市语儿几行，人名儿紧藏，教你非想非非想。”对节日张灯悬谜的场景写得颇为生动形象。

灯谜在结构上一般由三部分组成，即谜面、谜目和谜底，也称灯谜三要素。所谓谜面，就是让猜谜者看到的“问题”；所谓谜目，则是对谜面的解释或补充说明，也就是指出猜什么东西；所谓谜底，就是“问题”的答案，是猜谜者必须要回答的。灯谜常常利用汉语一字多意的特点，不把谜目作谜面原意解释，从而得出多层的意思。而谜面与谜底的字则要求相异，凡是谜面上有的字，在谜底中不能再出现。

灯谜多用字形会意法猜字。如“元旦”打一字，答案为“明”。因为元旦是一月一日，而“明”字正是由一日一月构成；以“重逢”打一字，谜底是“观”字。重逢的意思是“又见”，把这两个字合起来，便成为“观”字。又如以“习武”打一字，答案为“斐”，非文即武，取其反意。灯谜猜字谜的，除了这种会意法，常见的还有形象法、排除法、离合法等。

灯谜
引自刘二安《年画珍品，灯谜化石——武强古版灯方年画中的灯谜》，《寻根》，2011 年第 1 期。

灯谜除了猜字，还可用来猜人或物。较为容易的，如以“久旱逢甘霖”，打一《水浒传》人物绰号，谜底是“及时雨”宋江。只要读过此书的人，一般都能作出回答。较为复杂的，如用“清明前夕”打一食品，谜底是元宵（汤圆）。因为“元宵”的灯谜作法是将清明解释为朝代名，清、明之前是“元朝”；“夕”则隐含“宵”。它不光涉及相关历史知

识，还有在文字上做文章的一面，而外国文字，根本无法做到这样。所以灯谜只有汉字才有，是中华民族文化的土特产。如果说，民间谜语猜的多是形象性事物，而灯谜猜的主要是字义，所以灯谜又被称为文义谜。

灯谜是一项寓教于乐的艺术，要猜出谜底，必须要求猜谜者在谜面的形、音、意等方面综合考虑，不仅开发智力，而且对于文字理解能力也有锻炼。所以，猜灯谜必须具备一定的文化知识，它和民间谜语的最大区别亦在这里。有人说，要想玩灯谜，脑筋不会急转弯是肯定不行的，但只靠急转弯也是远远不够的。

【“博”戏趣谈】

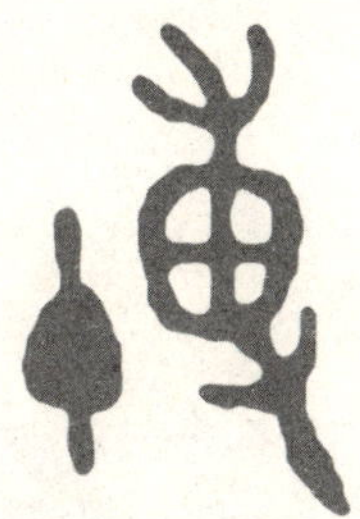

一提起“博”字，我们往往把它作为一个形容词来理解，这主要是受了《说文解字》的影响。当年许慎根据小篆释“博”：“大、通也。从十从尃。尃，布也。”认为是一会意兼形声字。后来传统的古汉语字典、词典多依此说，其实，这并不是“博”字本义。随着甲骨文和金文资料的出土，弥补了小篆的不足，也揭示了“博”字原来的面貌。

“博”字在早期金文有写作，左边所从一竖中间略粗，似人手持盾形物体，右边“尃”为声旁，其本义是手拿盾牌去搏斗。金文亦有写作，左边“十”并非数字之十，而是盾牌象形的简化，“十”在金文中是古“盾”字的象形写法，殷商青铜器铭文族徽标志里的盾牌都为此形。后期金文有写作，偏旁互换位置，右边所从的“十”逐渐中部变细且拉长。从金文字形分析和考释可知，“博”是形声字，并非会意

字，从十，尃（fū）声。篆文写作[illegible]，又调整了左右顺序。

“博”字金文还有多种异体写法。有的从“干”从“尃”，写作[illegible]，干，类似两股叉，应是树枝一类的东西。其本义是手拿“干”去搏斗。还有的是从“戈”从“尃”，写作[illegible]，戈为兵器的一种，类似戟但无矛头，其本义是手拿戈去搏斗。古文字有偏旁或意义同类可互换义符，比如，甲骨文“牢”字，有从牛，也有从马、从羊的，这样的偏旁都是指畜生一类，所以可以更换。“博”字所从的偏旁义符“十”、“干”或“戈”，同为兵器，故有时也可以互换。

在金文中，“博”字多用作动词。如西周铭文《冬戈簋》：“冬戈率有师氏奔追戎于域林，博戎胡。”意为冬戈率领军队追戎族到域林，在胡地和戎族进行搏斗；又《四十二年逨鼎》：“汝不畏戎，以追博戎。”是说你不惧怕戎族，还追击和戎族搏斗。从铭文内容来看，与“博”字有关的又都为征伐、战争的意思，本义当为搏斗、抵抗，后有获取、得到之意，又引申为广大、普遍之意。《说文》解说的“大、通也”，当是一种引申义。后世这一引申义通行，故又造一“搏”字代替其本义，另造“簙”字代替当时流行的六博、博戏之意。所以“博”是“搏”、“簙”的本字，“搏”与“簙”则是“博”的衍生字。

作为“博”的衍生字，“簙”是古代的一种掷采下棋的比赛游戏，俗称博戏，相传是上古乌曹发明的。《说文》曰：“簙，局戏，六箸十二棊也……古者乌曹作簙。”棊，同棋。博戏始于何时，具体年代已不可考。据《史记》记载，博戏的产生至少在殷纣王之前。最早的博戏叫“六博”，有六支箸和十二个棋子，箸是一种长形的竹制品，相当于我们今天打麻将牌时所用的骰子。《楚辞·招魂》：“菎蔽象棊，有六簙些。”王逸注：“投六箸，行六棊，故为六簙也。言宴乐既毕，乃设六簙，以菎蔽为箸，象牙为棊，丽而且好也。”六簙，又称六博或陆博。

六博在先秦即已广泛流行。《论语·阳货》记孔子曰：“饱食终日，无所用心，难矣哉！不有博弈者乎？为之，犹贤乎已。”是说一个人如果整天吃饱了没事干，又不用心去思考问题，那就不可造就了。世上下棋的人虽然悠闲但也要用心，比起那些饱食终日的人来还是强多了。后谓不要饱食终日无所事事为“博弈犹贤”。《战国策·齐策一》记：“临淄甚富而实，其民无不吹竽鼓瑟，击筑弹琴，斗鸡走犬，六博蹹踘者。”在汉代，六博成了人们日常生活中不可或缺的游戏，不少皇帝也是六博爱好者。葛洪《西京杂记》载，长安六博高手许博昌，专门编写了六博棋术口诀，成为当时流行的通俗教本，“三辅儿童皆诵之”。在汉代的画像石、砖以及铜镜纹饰中，也有许多描绘六博的图案。如四川成都出土的《仙人六博》画像砖，背景上有仙草、凤鸟为陪衬，中间两仙人肩披羽饰，正相对博弈。

《颜氏家训·杂艺》曰：“古者大博则六箸，小博则二茕。”可知博戏又分大博、小博二种。大博的行棋之法已不可考，而小博的玩法在《古博经》里有详细的记载。其方法是：两人相对而坐，每人六棋，棋盘为十二道，中间横一空间为水，置鱼两枚。比赛双方轮流掷“琼”（骰子），根据所掷的大小，决定棋子前进的步数。棋子到达终点，将其竖起来，成为骁棋（或称枭棋）。成为骁的棋，便可入水“牵鱼”获筹，牵一鱼得二筹，以获六筹为胜。未成骁的棋，就称为散棋。骁棋可以攻击对方的棋子，也可以放弃行走的机会而不动，散棋则不可。六博是靠掷采行棋的，掷采是胜负的关键。掷采瞬间，往往伴有吆喝之声，即所谓喝彩。六博又往往伴随饮酒，时称“饮博”，一般是输棋一方计筹罚酒。所以在一些汉画像石六博图里，棋盘旁往往都有酒樽和耳杯。

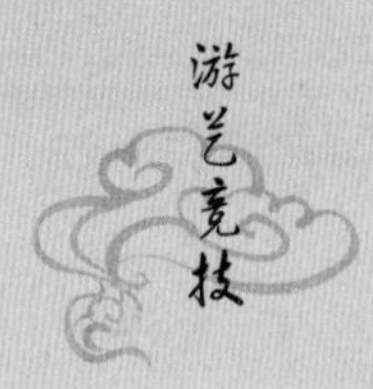

刘宝楠《论语正义》曰：“博，局戏也；弈，围棋也。弈但行棋，博以掷采而后行棋。”“采”通“彩”，为骰子上的标志，掷采就是掷骰子。“博弈”的“博”，原是掷骰子，“弈”则为行棋，博弈是先博后弈，有着竞技游戏的意味。这种游戏，因其竞争激烈，具有很大的吸引力。汉文帝时，皇太子刘启由于和吴王刘濞太子下博棋时“争道”，竟用棋盘打死吴王太子。这桩因棋而起的人命案，也是导致后来吴王刘濞叛乱的原因之一。由于骰子的排列复杂多变，因此博戏成了古代民间最流行的游艺形式，而一些爱喝酒的人又加以发挥，使之成为一种雅俗共赏的酒令游戏。可以说，现在流行的棋、牌，包括被称为国粹的麻将等，无不是在古代博戏的基础上发展、演变而来的。

下棋

引自金增友《棋艺》，《美术大观》，2011年第11期。

博戏并非单纯的游戏，还具有特定的文化意蕴和艺术情趣。古人玩骰子玩出了许多花样，在其变化无穷的数字组合中融入了许多美好的愿望，形成了具有吉祥意义的“骰子格”。一般认为同色是极好的，而杂色是比较次的，又认为朱红色是喜庆、吉祥的象征，因此在掷骰子时都喜欢红色，由红色点数组成的骰子格，自然就代表着大吉大利。如果掷出四个“一”点红，叫做“满天星”；四个“四”点红叫做“满堂红”。“满堂红”是最好的彩头，能得到它的当是吉星高照的人。

骰子
引自万千个《骰子——作为一种艺术的方式》，《美术大观》，2012 年第 3 期。

汉魏以后，博戏发生了很大的变化。博戏中的棋子开始脱离“琼”而独立行棋，向象棋方向发展，成为一种纯粹的智力游戏。而博戏的琼则变为“五木”，即五个木制的骰子，也独立成为一种用具，以掷点就可直接分胜负。这种用于掷采的骰子最初是用樗木制成，故称“樗蒲”。木制骰子系五枚一组，所以又叫五木之戏，或简称五木。后改用骨制，变五木为两骰，呈立方体，其六面均刻点数，点数从一到六。所以又叫“双六”。焦循《孟子正义》云：“后人不行棋而专掷采，遂称掷采为博（赌博），博与弈益远矣。”这样，“博”便由棋戏而演变为专以掷采定输赢的赌局了。当六博逐

渐变成一种赌博手段时，也就成了恶俗，失去了社会大众参与的基础。

随着岁月的流逝，博戏这一古老的游艺方式大多已经失传，但在一些地方还能找到它的影子。至今流传于闽南地区的“博饼”习俗，就颇具特色地保留了古代博戏的风貌。所谓“博饼”或称博状元饼，就是在中秋之夜，一家人聚在一起掷骰子博状元饼游戏。它不再有赌博的意味，讲究的是一个开心，就是博一个好彩头。据说博中状元饼的人，一年运气会特别好。这一民俗游戏不仅体现了闽南人喜欢博彩的习性，也反映了他们向往生活和谐、美满的愿望，故一直成为当地中秋聚会的保留节目。

【“角”抵与角抵戏】

中国古代神话中许多神都长着角，如战神蚩尤就是著名的带角神。我们中华民族的图腾——龙，早期并没有长角，到了商代，头上开始多出象征力量的龙角，因为商人认为角有神性，有了角，龙才有上天入地的神力。商代祭祀仪式中，兽角已是不可缺少的物品，并依场合的不同，规定角的大小形状也有不同。《诗经·周颂》中就有赞美牛角的诗句：“杀时犉牡，有俅其角，以似以续，续古之人。”大意是：杀了那头壮实的公牛，牛角又弯又美好，用它来祭祀天地，就可以继承祖先神力。在汉代，兽角更具有辟邪、和合阴阳及角抵尚武等多种民俗文化的功用。

“角”是象形字，甲骨文写作、，像牛或其他大型动物头上那对弯曲坚硬、带有纹路的尖角，造字本义即是兽角，后泛指动物头上长出的坚硬的角质物。金文写作、，顶端的、有表示系挂绳扣之意。篆文写

作角，误将金文的⺈、⺈写成⺈（人）。《说文解字》曰：“角，兽角也。象形，角与刀、鱼相似。凡角之属皆从角。”角字如同一把锋利、尖锐的刀子，后凡从角取义的字皆与兽角有关。此外，角在上古时曾充当过饮酒的容器，后来用作计量单位，故以角为偏旁的字又多与酒器和量器有关，如觚、觞、斛等。

斗牛图
引自戴嵩《斗牛图》，《影像技术》，2011 年第 3 期。

角，是动物雄性的象征，具有攻击和防御等功能，而且越是硕大的角越强壮有力。古代先民在征服大自然的过程中，由于感受到角兽的凶暴、善斗，便对动物的犄角产生一种神秘的敬畏感，并把它们看作是护身和比试体力的一种武器，所以把比武和决斗胜负称为“角力”。《礼记·月令》：“〔孟冬之月〕天子乃命将帅讲武，习射、御，角力。”清孙希旦释曰：“此即《周礼》‘冬大阅’之礼也。春治兵，夏茇舍，秋振旅，冬大阅，皆所以习武事也，而唯冬之大阅为盛，《左传》所谓‘三时务农，一时讲武’也。角力，角击刺之技勇。习射御以讲车乘之武，角力以讲步卒之武。”射箭、驭车和角力，都是古代士兵作战的重要技能。将帅在冬季要对部队进行军事训练，以提高实战水平。其中，角力是人们不借助任何工具而用自身力量来征服对手的一项竞技活动。从某种意义上说，这是人类最原始，也是最早的一项体育活动。

角力在古代又称角抵、相搏、摔胡等，有点类似现在的摔跤、拳击，主要是通过力量型的较量，用简单的人体相搏的方式来决出胜负。角抵之名，其渊源可上溯至商周时民间的兽角文化。在当时人们心目中，兽角就是力量的象征，故在礼仪、民俗、艺术、体育各个领域，都不乏它的形象。秦始皇统一中国后，禁止民间私藏兵器，并规定阅军大典的主要内容是角抵，于是，这项徒手相搏的竞技运动便得以兴盛起来。20 世纪 70 年代，在湖北江陵出土一把秦代漆绘木梳，其背面即绘有一角抵场面：上有三人均赤裸上身，其中两人跨步以两臂相搏，左面一人平伸双手，当为裁判。一般认为，角抵兴盛于秦汉，传承至唐宋明清，发展至近代已成为国际性的竞技体育比赛项目。

秦汉时期，角抵活动非常盛行，但是当时的角抵已不再仅是一种争斗相搏的手段，还带有一定表演成分的游戏活动，包括扛鼎、杂技、幻术和乐舞表演等。《史记·李斯列传》记载秦二世在甘泉宫“方作角抵俳优之观”，说明这种角抵已是包括各种技艺的综合性竞技表演。角抵原是两人角力以强弱定胜负的技艺表演，本身有着很好的观赏性和娱乐性，后世的相扑、摔跤即源于此。古代的艺人力图用这种技艺去表现生活，这样就促使角抵向戏剧表演转化，成为角抵戏。汉代民间原有一种“蚩尤戏”，由两人在公开场合表演竞技活动，已具有后来摔跤的基本特色。任昉《述异记》记载：“今冀州有乐曰‘蚩尤戏’，其民两两三三，头戴牛角以相

抵，汉造角抵戏盖其遗制也。”今杂技之乡吴桥古时属冀州，就是产生角抵的地方，可见杂技与角抵也有渊源关系。

角抵戏本源于民间的竞技游戏，后来传入宫廷，并有了专业的艺人。《汉武故事》对此有记述：“未央庭中设角抵戏，角抵戏者六国所造也，秦并天下，兼而广之，汉兴虽罢，然犹不能绝，至上（汉武帝）复采用之，并四夷之乐，杂以童幼，有若鬼神。”说明汉武帝时的角抵戏较之秦代又有发展，已不是头戴牛角“两两三三”的相互抵触游戏，而是配上异域少数民族的音乐，化妆为各种鬼神，既有青壮年，也有儿童参与的表演，确实已有一些“戏”的表演味道了。角抵戏在发展过程中，逐渐成为集舞蹈、音乐、歌唱的综合技艺表演，具备了舞台剧场演出的基本要素：有形体动作，有音乐配合，也有故事情节，且赋予了剧中人物相应的情感色彩。

表现人与野兽的搏斗，曾是古代角抵戏的典型套路。汉时流行的《东海黄公》，乃是由蚩尤戏衍变而来。《西京杂记》载：“秦末有白虎见于东海，黄公乃以赤刀往厌之。术既不行，遂为虎所杀。三辅人俗用以为戏。汉帝亦取以为角抵之戏焉”。该戏演绎的是一个能施法术的黄公到东海降服白虎的故事，可惜黄公法术不灵，反被白虎所杀。表演中有人虎相斗、人被虎杀的固定情节，而表演的两个人又都有与之相应的装扮：黄公头裹红绸，身佩赤金刀；白虎亦是由人来扮演。这显然已不是仅以力的强弱裁定胜负的角抵竞技，而是衍化为有既定故事内容的戏剧表演。《东海黄公》为古代戏曲的形成奠定了基础，难怪有人把它视为中国戏曲的雏形。

随着汉王朝的强盛，汉代角抵戏的规模不断扩展，吸引的观众亦越来越多。《汉书·武帝纪》记载：“（元丰）三年春，作角抵戏，三百里内皆观。”元丰六年夏，“京师民观角抵于上林平乐馆。”平乐馆是汉宫殿，上林苑周围三百里的人都来观看角抵戏，反映了朝野上下对角抵戏的爱好，同时也说明角抵戏是由官方组织的大型文体活动。汉武帝时，不仅扩大了乐府，收集巷陌歌谣，还经常上演角抵戏招待外国宾客。东汉时期，朝廷招待宾客亦用角抵戏。《后汉书·夫余国传》载，东汉顺帝永和元年，“其王来朝京师，帝作黄门鼓吹、角抵戏以遣之。”上有所好，下有所尚。《盐铁论·崇礼篇》有记民间角抵戏盛况：“夫家人有客，尚有倡优奇变之乐，而况县官乎？”角抵戏在汉代得到空前繁荣，从民间巷陌到官府衙门，都有其活动的舞台。

汉代角抵戏

引自王欣欣《汉代角抵戏钩沉》，《兰台世界》，2010 年第 3 期。

到了唐宋时期，角抵竞技已遍及朝野，其游戏色彩也更加浓郁，经常出现在民间各种集会场合中。调露子《角力记》记载，唐朝末年，有一摔跤能手，外号蒙万赢，因“拳手轻捷，擅场多胜，受赐丰厚，万赢呼名从此始”。这或有夸张，但也反映了该人摔跤技艺之高超，才能打遍天下无敌手。角抵在宋代则演变成相扑，成为一种流行的娱乐表演节目。《水浒

传》第七十四回中，就有描述浪子燕青与太原相扑巨人擎天柱任原的精彩比赛。可惜这些相扑后来在国内失传，但从现在还流行于日本的相扑表演中，我们仍可依稀看到中国古代“角抵”的一些影子。

〖“射”箭与射礼〗

挽弓当挽强，用箭当用长。
射人先射马，擒贼先擒王。
杀人亦有限，列国自有疆。
苟能制侵陵，岂在多杀伤。

这是杜甫著名的《前出塞》诗之六。短短四十字，饱含着诗人忧国忧民的博爱情怀，还暗含着重大的战略见解。诗的前四句，以通俗的谣谚体起势，讲如何练兵用武才能克敌制胜的道理，读来就像歌诀一般朗朗上口，却深得议论要领。后四句道出赴边作战的用意，从而揭示力避杀伐的主旨。前后之间看似矛盾，实为有机相连。因为如无可靠的战备，就不能制止外来侵略；但自恃强大武力而一味穷兵黩武，也是不足取的。所以诗

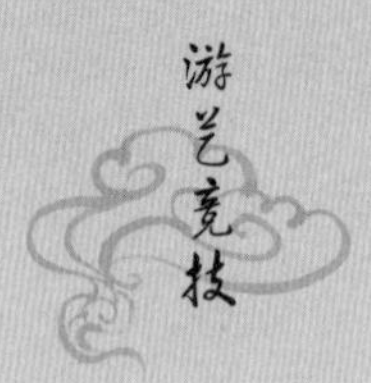

人主张既拥有强兵，又以“制侵陵”为限。诗中“射人先射马，擒贼先擒王”，以其形象而又富有哲理的喻意，成了被后人广为传诵的名句。

文明发展的初期，古人就已经知道利用弓箭来狩猎与作战，于是我们可以见到殷商甲骨文中，对于“射”这个动作，有了多种不同的写法。其中典型的有、，都像箭矢正要从弓上发出，不同的是左右开弓，或向左，或向右。“射”在甲骨文中是弓、箭的象形组合。张弓搭箭，用以狩猎或作战，这是远古最常见的事情，所以，甲骨文“射”字本义是很明显的——箭在弦上为射，也是我们容易理解的。金文中的“射”字，箭基本上就只朝一个方向——左边。早期金文承袭甲骨文字形，写作，同样画出弓与箭的搭配，只不过意义更加齐备，后面多了一只抓住箭矢的手——，增加了动感；晚期金文作，似带挂勾的弓和箭矢。篆文的“射”与甲骨文、金文的形体相去甚远，写作，把左边的“弓”换成了（身），而右边由原来的“手”变成了（矢），有强调持箭（矢）开弓的意思；篆文异体字作，又用（寸）代替“矢”。

弋射收获图

引自李灵《图说中国民俗艺术》，江苏人民出版社，2009年，第46页。

这样的变化到底为什么会发生呢？《说文解字》曰："射，弓弩发于身而中于远也。从矢从身。"从"射"字的本义来说，因为要射箭，那么，加上一个"矢"，这是可以理解的。而对篆文异体又由"矢"变成"寸"，《说文》解释："射，篆文从寸。寸，法度也，亦手也。"这是许慎研究篆书得出的结论。我们知道，汉字的字形演变及异体字的产生，其原因是相当复杂的，涉及不同的观念意识和文化背景。在许慎看来，"身"指人身，"寸"表示法度、准则，"射"的字义则当为人的立身之道。其实"射"字本来是个会意字，其本义就是单纯的射箭，但是到了小篆，把弓箭之形讹变成"身"字，右边的"手"又异变成了"寸"（篆文"寸"作，是在手腕（又）的下面加一横，表示手腕某个位置）。这样，原来的形象完全消失，当然也就无从会意了，才致使"射"字在形体上与其本义越来越远了。

弓箭的发明是人类文明的一大进步，使得人们在较远的距离，就可准确而有效地杀伤猎物，而且携带、使用方便。如果说，任何工具和武器都是人手的延长，那么，在火器诞生之前，弓箭堪称是人手最有效的一种延长。由于弓箭具有强大的杀伤能力，增加了人类征服自然的威力。

射箭在中国有着悠久的历史，可谓是中国古代体育项目的鼻祖。1963年，在山西朔县峙峪村的旧石器时代晚期遗址中，发现了一枚用燧石打制的箭镞，这是用石头磨制的箭头，绑在木杆上作为射箭的用具。该遗址的年代距今约两万八千年，这个发现证明了当时中国先民已经会使用弓箭了。在我国历史上，曾经出现过许多神箭手。除了神话传说的后羿射日，如春秋时楚国人养由基，他能连续一箭射穿百步之远的杨树叶，从此留下了"百步穿杨"的成语；而西汉"飞将军"李广，更以高超的骑射闻名于后世。

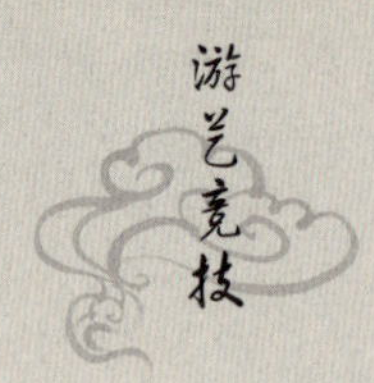

射箭，在古代既是一种重要的生存手段，打仗、狩猎都少不了这一活动，因而古人将“射”列为“六艺”之一。《周礼·地官·大司徒》：“三曰六艺：礼、乐、射、御、书、数。”操弓射箭在今人看来，充其量也不过是一项专门技能，但古人却不是这样看的。从古籍记载可知，“射”在古代曾是选拔人才的标准，而这种标准的确定，主要是因为“射”不光是技艺，还是人的德行的体现。《礼记·射义》曰：“射者，仁之道也。射求正诸己，己正而后发。发而不中，则不怨胜己者，反求诸己而已矣。”显然，在儒家看来，“射”与“仁”、“礼”是相关联的。故《礼记·射义》又云：“以立德行者，莫若射，故圣王务焉。”认为射法是人的德行所由生，又是人的德行所由见。

古代“六艺”之一——射

引自林轩，毕晓光编著《邮票图说中国民俗》，科学普及出版社，2011年4月，第138页。

高超的射术，原本是勇力与技巧相结合的技艺。春秋时期，诸侯纷争，弓箭成为战争中不可或缺的兵器。正是在这样崇尚武力的时代，古人有意将弓箭变成礼乐教化的工具，引导社会走向和平，射礼就此诞生。顾名思义，射礼是一种射箭的礼仪，它融合了比赛、礼乐和宴饮等内容，用于选拔、竞技、宴宾、致礼等活动。射礼作为周礼之一，也是古代一种民间娱乐活动，讲究谦和、礼让，提倡“发而不中，反求诸已”，重视人的道德自省，在本质上是一种道德的导引方式，也是华夏先民特有的寓教于射的娱乐方式。

古代的箭靶一般用兽皮制作，以较量射中并射穿为目的的比赛，称为“主皮之射”。孔子对这种光讲究力量的比赛很不以为然，认为它违背了“古之道”。《论语·八佾》说：“射不主皮，为力不同科，古之道也。”意思是比赛时射手能否射中、射穿靶子，主要取决于射手的体能，不值得看重；更应当注重的是射手的德行和修养。因而，儒家巧妙地抓住了射箭与礼乐的结合点，在保留比射的同时，赋予射礼新的灵魂。

射礼按规格分为大射、宾射、燕射、乡射四种。大射，是天子、诸侯举办盛大祭祀活动之前所行的射礼；宾射，是诸侯朝见天子或诸侯相会时举行的射礼；燕射，是天子、诸侯待宴会时的射礼；乡射，是举行乡饮酒礼时所行的射礼，用以竞技、选贤等活动。

以乡射礼为例，它的比赛规则，完整地记录在《仪礼·乡射礼》中。这是一项非常正规而又礼貌的竞技运动，有长度固定的射程，也有严格的比赛规则。乡射礼的核心内容是“三番射”，即选手之间的三轮比赛。每两名射手配为一对，分左右两方矢射，不仅较量两人的成绩，还要比较左右两队的总成绩。参赛两队都是各自组合，势均力敌，因此比赛往往非常激烈。但是，最后评价一名射手，不仅要看他能否射中靶心，还要看他形体动作是否

合于音乐节奏；此外，还要求礼让为先，即使输了也要保持良好的修养，尊重比赛规则并尊敬对手。在比赛后，负方喝罚酒，并向胜方射手行拱手礼，体现出君子之争的风度。《论语·八佾》载：“子曰：‘君子无所争。必有，射乎！揖让而升，下而饮，其争也君子。’”意思是：君子没有什么可争的事情，如果要争，只有比箭了。开始射箭比赛时，参加竞赛的人先相互作揖，然后登堂比赛，比赛完后再走下堂来喝酒。看来，射箭也是古代士大夫经常开展的一项高雅娱乐活动。

后来，人们又从另一个新的角度去说解“射”字较晚的形态。原来，“射”不是单纯地把箭射出去就好了，“射”是要讲究许多规矩、礼节的一种活动，而“寸”可以代表一种规范之意，所以在许慎看来，身有规矩就是“射”的真正意思。同样，了解“射礼”，也帮助我们加深理解了杜甫《前出塞》诗的思想内涵。“射者，仁之道也”，战争应有相应的限度，并非以杀人多少为胜负，而是以达到和平为终极目的，即“止戈为武”。

早在西周，古人就把射箭技术看成是一门“艺”，并构建起一整套射礼制度。古时未成年贵族男子必须学习射箭和射礼，且影响到民间。《礼记·射义》有云：“故男子生，桑弧蓬矢六，以射天地四方，天地四方者，男子之所有事也。”古代人家有男孩出生，就用桑木做的弓，蓬草制的箭，射向天地四方，以表示小孩将来有远大的志向。成语“桑弧蓬矢”，说的就是这意思。《礼记·内则第十二》载：“子生，男子设弧于门左，女子设帨于门右。”意为：女人分娩，男人是不能看的，外人也不能来家里串门，在门上悬挂弓箭或红布条，就是向人们发布分娩男孩还是女孩的信息。这种古老的生育习俗，直到近代，还在胶东沿海一些渔村保留着。当地人见到有产妇家门上挂上了红布条，就知道这家生了一个女孩；见到门上挂了一张小的弓箭，就知道这家生了一个男孩。月子里，产妇和婴儿是不见生人的，外人见到这两种标志，就应主动回避。

这就是为什么生男孩要射箭或挂弓箭的原因，原来弓箭已然成了一种民俗文化的象征。

五"御"之术

1980年，在陕西临潼秦始皇陵西侧，出土了两乘如实物一半大小的"秦陵彩绘铜车马"。前面的一号车名叫立车，总重约1 040公斤。该车结构为双轮单辕，前驾四马，右车舆边有一盾牌，车舆前还挂有一铜弩和铜镞，车上置一圆伞，伞下站立一名铜御官俑，头戴鹖冠，身佩宝剑，正挺立执辔。后面二号车名为安车，御者为跽坐姿态，双手亦作执辔状。这两件珍贵的青铜器，因其造型精妙绝伦、工艺高超复杂，被认为是20世纪考古发现的结构最复杂、形体最庞大的古代青铜器，堪称"青铜之冠"。

据史籍记载，先秦已是一个离不开车马的时代。当秦始皇统一六国后巡行天下，其车马的仪仗就有三种不同规格。最高"大驾卤簿"，有车八十一乘；其次"法驾卤簿"，有车三十六乘；小驾也有车九乘。秦陵出土的这两乘铜车马，属于“法驾卤簿”的立车与安车。当时，大到国家的外交与战争，小到人们日常的出行，都需要马车。于是，驾车的技术成了一门必修课。六艺中的“御”，便有教授诸多驾驭车辆的技巧，其难度绝不亚于我们现在的考汽车驾照。

“御”字在早期甲骨文写作。就字形结构而言，左部所从（彳），为“行”的省写，表示行进；右部所从，为人跪跽之形；中间（糸），是指绳索。据此分析，“御”字的构意本是用绳索捆绑以控制人的行进。晚期甲骨文作，左部省略，并误将（糸）写成。早期金文作，下面加（止），强调中止行进；晚期金文有作，承续了晚期甲骨文字形。篆文写作，又与早期甲骨文字形相近。“御”字原表示控制人的行进，后引为驾驭、控制车马。如《庄子·达生》：“桓公田于泽，管仲御。”《说文解字》曰：“御，使马也。从彳从卸。驭，古文御，从又从马。”

在古文中，“御”字经常与“驭”、“禦”二字通用，故意义颇多。“驭”字甲骨文写作，左部为马的形状，右部（攴），表示以手击打。本义为手执鞭子驱使马匹，并控制马的行进。故《说文》曰：“驭，古文御。从又，从马。”从许慎的解说可知，在驾驭的意义上，“御”与“驭”可互训。但是，“御”常指驾车马的人，“驭”一般指驾驭车马的动作。“禦”字则来源于卜辞中祭法——御祀，甲骨文写作，左部是“示”，即神主牌，其本义与先民崇奉神灵的习俗有关。“禦”字在抵御的意义上，上古写作“御”，如《诗经·邶风·谷风》：“我有旨蓄，亦以御冬。”以后“御”“示”合文，遂成“禦”了。在先秦典籍中禦、御往往不分，既然“禦”通“御”，“御”又通“驭”，可作驾驶车马解，“禦”字当然也可作驾驶车马用。

从文献资料看，马车在中国起码已有三千多年的历史。古人要使用

马车，就必须掌握驾车驭马的本领，因此早在周代的“六艺”教育中，就有了这方面的内容，出现了一项独特的体育活动——御术。《周礼·地官》称专门辅导贵族子弟学习“六艺”的人叫“保”，能够做得了“保”的人，应该是一个综合素质非常高的人，他的职责是：“掌国子以道，乃教之六艺。一曰五礼，二曰六乐，三曰五射，四曰五御，五曰六书，六曰九数。”古代“六艺”之教，是一个循序渐进的过程，具有阶段性，其中射、御是学校教育的重要内容。《礼记·内则》记载：“十有三年，学乐诵诗，舞勺。成童，舞象，学射御。二十而冠，始学礼，可以衣裘帛，舞大夏。”“舞象”是指15—20岁男子，又是成童的代名词，按规定，西周时男孩长到15岁后就要学习射御。

“射”即射箭，“御”则是驾驭马车，射箭御车之术，本来都属尚武的技艺。《尚书·秦誓》：“仡仡勇夫，射御不违。”自古以来，马被称为“六畜”之首，在古代起着重要的作用，当马与车结合在一起，便出现了马车。由于马车具有比人力车载运能力大，且速度快，行驶里程远的优点，所以很快就被人们广泛应用。古代马车先有单辕，较晚才出现双辕；驾车用马有单马、双马、四马乃至六马。西周标准的马车是四匹马拉的，如今我们还经常说“一言既出，驷马难追”，这“驷马”就是由此而来的。

早在西周之前的夏商两代，马车就已成了战争的主要工具。据《吕氏春秋》记载，夏朝末年，商汤与夏人战于戉邑，已使用战车70乘；商末，在周武王伐纣的牧野之战中，一次动用战车就达300乘的规模。西周时期，战车的地位变得更加重要了。因为当时的战车都是单辕驾车，变换方向有相当大的难度，四匹挽马全靠御手立姿以缰绳控制，没有专门的训练，就难以适应作战的需要。为此，古人专门开设“五御”来熟练驾驭技术。所谓“五御”，见《周礼·地官·保氏》郑玄注：“五驭：鸣和鸾，逐水曲，过君表，舞交衢，逐禽左。”这些都与车马驾驭之术有关，有的简直是高难度的特技表演，非我们今天一般人所能想象。

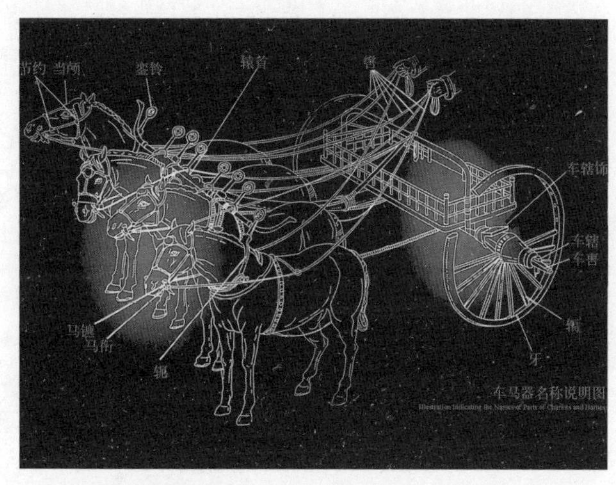

古代车马图

作者摄于秦始皇兵马俑，2014年4月6日。

（一）“鸣和鸾”。“和”、“鸾”都是车上装饰的铃铛，“和”在车轼上，“鸾”在车衡上。车行时，为了保持驾车的节奏，要求驷马协调，“和”、“鸾”所发出的声音要和畅。这是驾车的初步课程，也是考验驾技的第一关。

（二）“逐水曲”。指驾车沿着曲折的水沟边前行，能平稳转弯拐角，不致翻车，以训练御者在遇路途坎坷时的控制车驾的能力。

（三）“过君表”。君表，标示国君位置的旗帜。国君在会见诸侯、出兵征伐，或者行猎时，其所在位置都有旗帜加以标示。孙诒让《周礼正义》：“君表犹言君位……君在则必有表位，凡车过之，当别有仪以致

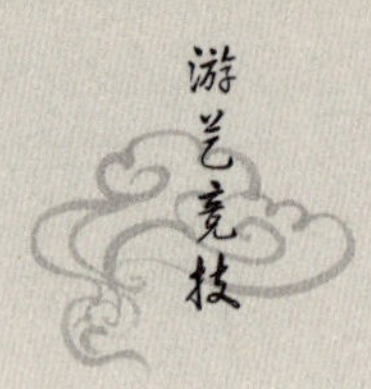

敬，故五御有过君表之法。”作为古代驾驭车马的技术之一，不但驾车经过国君的表位时要致敬以示礼仪，还要掌握相应的难度，车驶入辕门，车头两边与石墩的间隙只有五寸，要求御者居中直入，不能偏斜。这有点像我们今天驾校的路考，要钻杆、过“桥”，还要穿越障碍等。

（四）“舞交衢”。交衢，交叉道口。谓御车在交叉道口通行，车马往来驰驱，旋转适度，都要像舞蹈一样顺畅而有序地通过。这似乎又带有表演高超车技的味道。

御

引自沐言非《诗经三百首鉴赏大全集》，中国华侨出版社，2012年7月，第64页。

（五）“逐禽左”。也就是御者驾车在田猎、征战中，要尽可能把所猎鸟兽和徒步奔走的敌人驱赶到车马的左侧，好让车上的弓箭手开弓施射达到最佳角度。这是出于田猎和实战的需要，也是驾驭车技的最高境界。

学好“五御”实属不易，但又是当时成年贵族男子都需掌握的本领。

这“五御”合而为一就是古代精湛的驾车技艺。后来“御”与“射”一样，发展成为古人修身养性的一种礼仪。古时礼制，卿为君御，士大夫为卿御，弟子为师长御，这就如天经地义一般。《周礼》还规定娶妻之礼，新郎要亲自驾车去接新娘，新郎若不会驾车，那就不能成为新郎了。所以，当时想要结婚的男子，也得先学会御车。

由于马车在春秋时期有着如此大的作用，“五御”之术也就自然成了学校教育的重要内容，后来又成为一门具有礼仪色彩的技艺，属于孔门弟子的必修科目。当年，孔子不仅精通“射”技，而且擅长“御”术。《论语·子罕》记孔子曾曰：“吾何执？执御乎？执射乎？吾执御矣。”孔子自认为驾车技术比射技更好，可见其本人善御，且十分重视对御术的教育。

【话说投"壶"】

2011年春节期间，我国台湾博物馆举办"剑舞楚天——越王勾践剑暨楚国出土文物展"。在"剑舞楚天"特展中，展出许多"壶"文物，有龙耳铜方壶、圆壶、方壶等。为吸引观众，馆方还隆重推出"楚国饗宴乐，投壶体验趣"的节目，由工作成员身着特制的衣冠，现场讲解汉服的形制，又介绍流传中国两千多年的娱乐活动——投壶。原来，壶不仅可用作容器，我们聪明的祖先还发挥创意，将其开发为娱乐用品。

考古发现，实物的壶在新石器时代就有了，如马家窑文化时期的彩陶壶、良渚文化时期的贯耳壶等，至今都起码在四千年以上。若以甲骨文为证，也至少有三千年以上的历史。"壶"的繁体是"壺"，在早期甲骨文写作[甲骨文字形]，本身就像一鼓腹圆足又加盖的壶形，造字本义为古代容器。晚期甲骨文写作[甲骨文字形]，在壶身上加上一些花纹作修饰。金文作[金文字形]，有所变形，像一只漂亮的酒壶，上面的大（大）象壶盖，中间是壶的肚子，下面是壶的底座。篆文承续金文字形，作壺。楷书作壺，将盖子大（大）误写为士（士），将篆文中还鼓腹的形状写成亞，已失去容器的形象特征。《说文解字》曰：“壶，昆吾圆器也。象形。从大，象其盖也。凡壶之属皆从壶”。段玉裁注：“古者昆吾作陶。壶者，昆吾始为之。”昆吾传说是黄帝时期的陶正，也就是传说中陶器制造业的鼻祖。

商代青铜器 壶

引自韩欣主编《中国青铜器收藏与鉴赏全书》（上卷），天津古籍出版社，2005 年，第 56 页。

春秋时代，崇尚武艺，诸侯宴请宾客时经常比试射箭。那时，成年男子不会射箭是被人看不起的，所以主人请客人射箭，客人不能推辞。后来，有许多贵族不通射艺，甚至拉不开弓、上不了马，于是就有人把箭投

入酒壶来代替。这样，投壶逐渐取代了射箭，成了古代宴饮的一种礼制，也是一种最早的饮酒助兴游戏。宴会上，主人采用这种游戏，既可让来宾多喝酒以示自己的盛情，又能增添宴会的欢乐气氛。从此，壶不光具有原来容器的功能，还增加了新的娱乐功能。

《礼记·投壶》曰："投壶者，主人与客燕饮讲论才艺之礼也。"早期举行投壶礼时，宾主双方轮流以无镞之矢投于壶中，每人四矢，多中者为胜，负方饮酒作罚。《左传·昭公十二年》记晋昭公大宴诸国君主，特举行投壶之戏的事："晋侯以齐侯宴，中行穆子相，投壶。"在诸侯的国宴上也有投壶活动，说明投壶在当时已成为一种正规礼仪。宴会上，宾主礼让，既有游戏之趣，又保证了欢宴娱乐的分寸。

投壶，亦称射壶，是从射礼之"燕射"演化而来的。《礼记·投壶》郑玄注："投壶，射之细也，射为燕射。"古时燕与宴同义，"燕射"，即饮宴时的射箭活动。《周礼·春官·乐师》："燕射，帅射夫以弓矢舞。"孙诒让正义："燕射者，王与诸侯、诸臣因燕而射。《梓人》注云：'燕谓劳使臣，若与群臣饮酒而射。'是也。"原来，燕射是诸侯招待国宾时在宴会场合举行的射礼，借此比试双方的射术。由于燕射竞技的色彩过于明显，与宾主欢宴的氛围不太协调，后来改为以矢投壶，再配上彬彬有礼的规则和音乐伴奏，从而达到"乐宾"的目的。可以说，投壶是一种以矢代箭、以壶代侯（箭靶）的小型的射礼。对此，吕大临《礼记传》云："投壶，射之细也。燕饮有射以乐宾，以习容而讲艺也。"投壶的产生，也可能是因场面等因素的限制，不便举行射礼而采用的变通之法。因此，投壶与射礼不仅在仪式上有许多相似之处，且在礼义上亦多有相同，如立德正己、君子之争、发而不中反求诸己等。同时，投壶又具有自身独特的形式和价值。

历代文献中有关投壶的资料甚多，如《礼记》、《大戴礼记》都有《投壶》篇专门记述。投壶游戏，是在室内、堂上或庭院当中，放置一广口大腹、颈部细长的酒壶，以壶口为目标，并按规定的距离（一般距壶五至九尺），宾主跪坐于壶的周围，依次将矢向壶口投去。为了不使投掷的矢弹出，壶内预先放有小豆。矢用坚硬的柘木或棘木做成，形状一头尖，一头齐，颇似没羽之箭。根据场地不同，矢有三种长度：室内用二尺，堂上用二尺八寸，庭中用三尺六寸。与射礼一样，投壶也有专职的“司射”在场监督，并以算筹记录比赛成绩。宾主依次投壶，将八支矢投完为一局，投者需将箭矢的端首掷入壶内才算投中，并要依次投矢，抢先连投者投入亦不予计分。最后，以投中者多为胜，负者须饮罚酒。

投壶活动选取了射礼中的部分内容作为其礼仪，舍去了“武”的成分，却保存了“礼”的内涵，从而使它成为一种养心怡神、讲究礼节的活动。秦汉以后，文人士大夫更倾向于内心修养，投壶这种娱乐活动，正适合他们的精神需要。于是，投壶逐渐取代了射礼，在上层社会中盛行不衰，每逢宴饮，必有“雅歌投壶”的节目助兴。《后汉书·祭遵传》：“遵为将军，取士皆用儒术，对酒设乐，必雅歌投壶。”连武将也会吟雅诗及参与投壶游戏，可见这种儒雅行为在当时士大夫阶层流行之广。

今河南省南阳市卧龙岗的汉画馆内，陈列着一幅石刻汉画《投壶图》，上面清晰地描绘了古人的投壶情景。画面中央有一壶一酒樽，壶内已入两矢，樽上有一勺，供舀酒用。画上共有五人：壶左右各一人，每人已投一箭入壶，怀中各抱三矢，手上各执一矢，正欲向壶内投掷；左边一人垂头坐地，似喝醉了，当为已被罚下场去的失败者；旁有一人欲上前搀扶醉汉。右边一人跽坐，双手拱抱，似为司射（裁判）。这是一件最早描

绘有关投壶游戏的实物遗存，从这一画面，可以想象其场景是多么有趣。投壶除了愉悦身心，还可矫正怠情。邯郸淳《投壶赋》曰：“调心术于混冥，适容体于便安。”“悦与坐之耳目，乐众心而不倦。”

河南南阳沙岗店出土的汉画像石　投壶
引自王建玲《投壶——古代寓教于乐的博戏》，《文博》，2008年第3期。

投壶自产生之时起就具有两重属性：一为礼仪，一为游戏。东汉以前，“礼”的意味较浓，从魏晋南北朝起，开始向技艺化方向发展，增强了游戏的娱乐性。到了北宋，司马光对这种娱乐化的趋势颇为不满，认为有悖于古礼。为此，他专门著述了《投壶新格》一书，强调投壶要领与治心修身之关系：“投壶可以治心，可以修身，可以为国，可以观人。何以言之？夫投壶者不使之过，亦不使之不及，所以为中也。不使之偏颇流散，所以为正也。中正，道之根底也。”另外，他还以“礼”的眼光，对投壶的名称和计分规则作了相应修改。因为过于讲究礼仪，反使投壶的乐趣大为减少，从而束缚了这项活动在宋代的发展。

与理学家重视投壶过程中所蕴含的礼仪文化相对，民间则更重视游戏中竞赛及喝酒的乐趣，以投壶为乐的现象越来越普遍，规则也不断变化。在民间长期流传过程中，投壶的方法越来越多，难度也越来越大，不仅产生了许多新名目，还有别出心裁者自创高难度动作，如在壶外设置屏风盲投，或背坐反投等。在明清小说中，社会底层的三教九流多热衷此道。《金瓶梅》十九回，就有西门庆与应伯爵以及李桂姐等人在“院子内投壶耍子”的描写。《镜花缘》里有位投壶高手，人称“乌投壶”，能杂耍一般表演许多花样，如“苏秦背剑”、“鹞子翻身”、“张果老倒骑驴”等，说明这种游戏在民间已相当普及。

投壶，本是一种饮酒助兴的游艺竞技活动，后被纳入“礼”的范围并加以规范，却又在民间得到普及。事实说明，只有民众才能继承并发扬游艺竞技的风俗，才能把投壶玩得如此出神入化。

图书在版编目(CIP)数据

汉字中的礼仪之美 / 俞水生著. — 上海：文汇出版社，2015.2
(看懂中国字 读懂中国心 / 王元鹿主编)
ISBN 978-7-5496-1125-6

Ⅰ.①汉… Ⅱ.①俞… Ⅲ.①汉字-研究 Ⅳ.①H12

中国版本图书馆CIP数据核字(2015)第007274号

丛书策划：张 衍
丛书主编：王元鹿
出 版 人：桂国强

○看懂中国字 读懂中国心○

汉字中的礼仪之美

作 者：俞水生
责任编辑：乔 聿
装帧设计：王 翔

出版发行：文匯出版社
上海市威海路755号
(邮政编码：200041)
经 销：全国新华书店
印刷装订：上海中华商务联合印刷有限公司

版 次：2015年3月第1版
印 次：2015年3月第1次印刷
开 本：640×960 1/16
字 数：180千
印 张：15.5

ISBN：978-7-5496-1125-6
定 价：47.00元